Mesillat Yesharim

Der Weg der Gerechten

Rabbi

Moshe Chaim Luzzatto

The Ra'Mhal

Übersetzung

Saphir Shalom Toledano

SimchatChaim.com

There is no known book without mistakes. Therefore, I ask in every language of application if anyone has any questions, comments, clarifications, corrections, please send to: book@simchatchaim.com

All material used in this section may not be used for commercial purposes, but only for study and teaching. To get this book or books and information Email me at:

book@simchatchaim.com

Copyright©All Rights Reserved to

Saphir Shalom Toledano

www.simchatchaim.com

647-818-6747

YB"S©All rights reserved to the Editor

First Edition 2023

Der Inhalt des Buches

Buchseite	Kapitel	Inhalt

3.   The Ra'Mhal

11.   Einführung des Autors

21. **Kapitel Eins**
     Die Pflicht des Menschen auf dieser Welt

29. **Kapitel Zwei**
     Der Charakterzug der Wachsamkeit

33. **Kapitel Drei**
     Die Unterteilungen der Wachsamkeit

40. **Kapitel Vier**
     Erlangung der Wachsamkeit

53. **Kapitel Fünf**
     Hindernisse der Wachsamkeit

61. **Kapitel Sechs**
     Der Charakterzug des Eifers

68. **Kapitel Sieben**
     Unterteilungen des Eifers

73. **Kapitel Acht**
     Eifer erlangen

76. **Kapitel Neun**
     Nachteile des Eifers

83. **Kapitel Zehn**
     Die Eigenschaft der Sauberkeit

88. **Kapitel Elf**
     Die Eigenschaft der Sauberkeit

133. **Kapitel Zwölf**
     Erlangen der Sauberkeit

135. **Kapitel Dreizehn**
     Die Unterteilungen der Absonderung

145. **Kapitel Vierzehn**
     Unterteilungen der Absonderung

148.	**Kapitel Fünfzehn**
	Erlangung der Absonderung
152.	**Kapitel Sechzehn**
	Der Charakterzug der Reinheit
158.	**Kapitel Siebzehn**
	Reinheit erlangen
161.	**Achtzehntes Kapitel**
	Der Charakterzug der Frömmigkeit
165.	**Kapitel Neunzehn**
	Unterscheidungen der Frömmigkeit
199.	**Kapitel Zwanzig**
	Abwägung der Frömmigkeit
206.	**Kapitel Einundzwanzig**
	Erlangung von Frömmigkeit
210.	**Kapitel Zweiundzwanzig**
	Der Charakterzug der Demut
223.	**Kapitel Dreiundzwanzig**
	Demut erlangen
230.	**Kapitel Vierundzwanzig**
	Die Eigenschaft der Sündenfurcht
238.	**Kapitel Fünfundzwanzig**
	Die Furcht vor der Sünde erlernen
241	**Kapitel Sechsundzwanzig**
	Der Charakterzug der Heiligkeit

Moshe Chaim Luzzatto

The Ra'Mhal

Moshe Chaim Luzzatto (Ra'Mhal) war ein italienischer Rabbiner, Kabbalist und Philosoph, der auch dramatische Werke und Literaturkritiken verfasste. Er verfügte über ein fast fotografisches Gedächtnis und schrieb zahlreiche Werke, von denen einige zu Standards der Kabbala und der Ethik wurden. Er wurde des Sabbatismus verdächtigt, wurde aber von seinen Lehrern und Kollegen mit der Warnung entlastet, sich nicht mehr mit spekulativen kabbalistischen Schriften zu beschäftigen. Gegen Ende seines Lebens zog er in das Land Israel.

Frühes Leben

Moshe Chaim Luzzatto wurde 1707 im jüdischen Ghetto von Padua, Italien, geboren. Als Sohn von Jacob Vita und Diamente Luzzatto erhielt er eine klassische jüdische und italienische Erziehung und zeigte schon sehr früh eine Vorliebe für Literatur. Möglicherweise besuchte er die Universität von Padua und gehörte dort mit Sicherheit zu einer Gruppe von Studenten, die dafür bekannt waren, sich mit Mystik und Alchemie zu beschäftigen. Mit seinem enormen Wissen in religiösen Überlieferungen, Kunst und Wissenschaft wurde er schnell zur dominierenden Figur dieser Gruppe. Seine Schriften zeugen von der Beherrschung des Tanach, des Talmuds und der rabbinischen Kommentare und Kodizes des jüdischen Rechts.

Poesie und Literatur
Schon in jungen Jahren begann er ein gründliches Studium der hebräischen Sprache und der Poesie. Er schrieb Epithalamien und Elegien. Ein bemerkenswertes Beispiel für letztere ist die Totenklage auf den Tod seines Lehrers Cantarini, ein erhabenes Gedicht von 24 Versen in klassischem Hebräisch. Noch vor seinem 20. Lebensjahr begann er mit der Komposition von 150 Hymnen nach dem Vorbild des biblischen Psalters. In diesen Psalmen, die er nach den Gesetzen des Parallelismus komponierte, befreite er sich von allen fremden Einflüssen und ahmte den Stil der Bibel so getreu nach, dass seine Gedichte ganz und gar eine Renaissance biblischer Worte und Gedanken zu sein scheinen. Sie riefen jedoch die Kritik der Rabbiner hervor und waren eine der Ursachen für die Verfolgungen, denen Luzzatto später ausgesetzt war. R. Jacob Poppers aus Frankfurt am Main hielt es für eine unverzeihliche Anmaßung, sich mit dem "Gesalbten des G-ttes Jakobs" messen zu wollen. Es sind nur zwei Psalmen bekannt, von denen mit Sicherheit gesagt werden kann, dass sie zu Luzzattos Psalter gehörten; außerdem erschienen sieben Hymnen von ihm, die bei der Einweihung der vergrößerten spanischen Synagoge in Padua gesungen wurden, in dem Werk "Ḥanukkat ha-Maron" (Venedig,

1729); aber es ist nicht sicher, ob sie dem Psalter entnommen wurden.

Als Jugendlicher versuchte sich Luzzatto auch an dramatischer Poesie und schrieb im Alter von 17 Jahren sein erstes biblisches Drama, "Shimshon U-Felistim" (von dem nur Fragmente in einem anderen Werk von ihm erhalten sind). Diese jugendliche Produktion ist ein Vorgeschmack auf den kommenden Meister; sie ist perfekt in der Versifikation, einfach in der Sprache, originell und nachdenklich im Inhalt. Diesem ersten großen Werk folgte das "Leshon Limmudim", eine Diskussion des hebräischen Stils mit einer neuen Theorie der hebräischen Versifikation, in der der Autor seine gründliche Kenntnis der klassischen Rhetorik unter Beweis stellte. In gewissem Sinne handelt es sich um eine wissenschaftliche Demonstration des neoklassischen italienischen Stils im Gegensatz zum mittelalterlichen. Es besteht ein großer Unterschied zwischen dem Stil Luzzattos, der an die Einfachheit, Glätte und Kraft der Bibel erinnert, und den faden, übertriebenen und affektierten Werken seiner Zeitgenossen. Das Buch, das seinem Lehrer Bassani gewidmet ist, wurde 1727 in Mantua gedruckt, mit einem Text, der von dem Manuskript abweicht, das sich früher im Besitz von M. S. Ghirondi befand.

Im selben Jahr oder etwas später schrieb Luzzatto sein allegorisches Festdrama "Migdal 'Oz" (oder "Tummat Yesharim"), das anlässlich der Hochzeit seines Freundes

| Messilat Yesharim | The Ra'Mhal |

Israel Benjamin Bassani entstand. Dieses vieraktige Stück, das sowohl lateinische und italienische als auch biblische Einflüsse aufweist, veranschaulicht den Sieg der Gerechtigkeit über die Ungerechtigkeit. Es ist meisterhaft in der Versifikation und melodiös in der Sprache, wobei die lyrischen Passagen besonders erhaben sind; und es weist eine Fülle von angenehmen Bildern auf, die an Guarinis "Pastor Fido" erinnern. Das Drama wurde von M. Letteris herausgegeben und mit Anmerkungen von S. D. Luzzatto und Prolegomena von Franz Delitzsch veröffentlicht, Leipzig, 1837.

Kontroverse

Der Wendepunkt in Luzzattos Leben kam im Alter von zwanzig Jahren, als er behauptete, direkte Anweisungen von einem Engel (bekannt als Maggid) erhalten zu haben. Während Geschichten über solche Begegnungen mit himmlischen Wesenheiten in kabbalistischen Kreisen nicht unbekannt waren, war dies für jemanden in einem so jungen Alter unerhört. Seine Altersgenossen waren von seinen schriftlichen Berichten über diese "g-ttlichen Lektionen" begeistert, aber die führenden italienischen rabbinischen Behörden waren höchst misstrauisch und drohten, ihn zu exkommunizieren. Nur hundert Jahre zuvor hatte ein anderer junger Mystiker, Shabbatai Zvi (1626-1676), die jüdische Welt mit seiner Behauptung, er sei der Messias, erschüttert. Obwohl Zvi viele Rabbiner in Europa und im Nahen Osten von seiner Behauptung überzeugt hatte, widerrief er schließlich seine Behauptung und konvertierte zum Islam. Die jüdische Gemeinschaft weltweit war noch immer erschüttert, und die Ähnlichkeiten zwischen den Schriften Luzzattos und Zvis wurden als besonders gefährlich und ketzerisch empfunden.

Diese Schriften, von denen nur einige erhalten geblieben sind, werden oft missverstanden, um den Glauben zu beschreiben, dass der Ramchal und seine Anhänger Schlüsselfiguren in einem bevorstehenden messianischen Drama waren. In dieser umstrittenen Interpretation identifizierte er einen seiner Anhänger als den Messias, den Sohn Davids, und nahm für sich selbst die Rolle des Moses an, indem er behauptete, er sei die Reinkarnation dieser biblischen Figur.

Abreise aus Italien
Nach der Androhung der Exkommunikation und vielen Auseinandersetzungen einigte sich Luzzatto schließlich mit den führenden italienischen Rabbinern und beschloss, weder die Lektionen des Maggid zu schreiben noch Mystik zu lehren. 1735 verließ Luzzatto Italien und ging nach Amsterdam, da er glaubte, in dem liberaleren Umfeld dort seinen mystischen Interessen nachgehen zu können. Auf der Durchreise durch Deutschland appellierte er an die örtlichen rabbinischen Behörden, ihn vor den Drohungen der italienischen Rabbiner zu schützen. Sie weigerten sich und zwangen ihn, ein

Dokument zu unterschreiben, in dem er erklärte, dass alle Lehren des Maggid falsch seien.

Amsterdam

Als Luzzatto schließlich Amsterdam erreichte, konnte er seine Kabbala-Studien relativ ungehindert fortsetzen. Er verdiente seinen Lebensunterhalt als Diamantenschleifer und schrieb weiter, weigerte sich aber, zu lehren. In dieser Zeit schrieb er sein Hauptwerk, die Mesillat Yesharim (1740), die im Wesentlichen eine ethische Abhandlung ist, aber auch gewisse mystische Untermauerungen aufweist. Das Buch stellt einen schrittweisen Prozess vor, durch den jeder Mensch den Hang zur Sünde überwinden und schließlich eine g-ttliche Eingebung ähnlich der Prophetie erfahren kann. Ein weiteres bedeutendes Werk, Derech Hashem (Der Weg G-ttes), ist ein prägnantes Werk über die Kerntheologie des Judentums. Die gleichen Konzepte werden in einem kleineren Buch mit dem Titel Maamar Halkarim (die englische Übersetzung dieses Buches ist jetzt im Internet unter dem Titel "Essay on Fundamentals" verfügbar) kurz erörtert. Da'at Tevunot ("Das wissende Herz") fand ebenfalls in Amsterdam als fehlendes Bindeglied zwischen Rationalität und Kabbala, als Dialog zwischen Intellekt und Seele, seine Existenz. Derech Tevunot ("Der Weg des Verstehens") hingegen stellt die Logik, die die talmudischen Debatten strukturiert, als Mittel zum Verständnis der Welt vor.

Messilat Yesharim   The Ra'Mhal

Ein bedeutender rabbinischer Zeitgenosse, der die Schriften von Luzzatto lobte, war Rabbi Eliyahu von Vilna, der Vilna Gaon (1720-1797), der als der maßgebliche Toragelehrte der Neuzeit galt und selbst ein großer Kabbalist war. Er soll nach der Lektüre der Mesillat Jescharim gesagt haben, dass er, wenn Luzzatto noch leben würde, von Vilna aus zu Fuß gehen würde, um zu Luzzattos Füßen zu lernen. Nachdem er das Werk gelesen hatte, stellte er fest, dass die ersten zehn Kapitel kein einziges überflüssiges Wort enthielten.

Luzzatto hat auch Gedichte und Dramen geschrieben. Obwohl das meiste davon scheinbar weltlich ist, behaupten einige Gelehrte, auch in diesem Werk mystische Untertöne ausgemacht zu haben. Sein Werk ist stark von den jüdischen Dichtern Spaniens und von zeitgenössischen italienischen Autoren beeinflusst.

Der Kantor der sephardischen Synagoge in Amsterdam, Abraham Caceres, arbeitete mit Luzzatto zusammen, um mehrere seiner Gedichte zu vertonen.

Akko, Israel

Frustriert über seine Unfähigkeit, die Kabbala zu lehren, verließ Luzzatto Amsterdam 1743 in Richtung Heiliges Land und ließ sich in Akko nieder. Drei Jahre später starben er und seine Familie an einer Seuche.

Vermächtnis

Obwohl die Gelehrten davon ausgehen, dass sich sein

Grab in Kfar Yasif befindet, wo es von einigen identifiziert worden sein soll, wird seine Grabstätte traditionell in der Nähe des talmudischen Weisen Rabbi Akiva in Tiberias im Norden Israels vermutet. Es ist bemerkenswert, dass es viele Gelehrte gibt, die einen Vergleich zwischen dem Ramchal und Rabbi Akiva anstellen. Einige glauben, dass der Ramchal tatsächlich ein Gilgul (Reinkarnation) von Rabbi Akiva ist. Wahrscheinlich auch deshalb, weil Kfar Yasif heute eine arabische Stadt ist, während Tiberias jüdisch ist, ist das Grab in Tiberias das Ziel fast aller Pilger, die seine letzte Ruhestätte suchen.

Messilat Yesharim

Einführung

Der Autor sagt: Ich habe dieses Werk nicht verfasst, um die Menschen zu lehren, was sie nicht wissen, sondern um sie an das zu erinnern, was sie bereits wissen und was ihnen sehr vertraut ist. Denn Sie werden in den meisten meiner Worte nur Dinge finden, die die meisten Menschen bereits kennen und an denen sie nicht zweifeln.

Aber entsprechend ihrer Vertrautheit und in dem Maße, in dem ihre Wahrheit für alle offensichtlich ist, ist auch ihre Vernachlässigung sehr weit verbreitet und das Vergessen ihrer sehr groß. Daher liegt der Nutzen dieses Buches nicht in einer einzigen Lektüre, denn es ist möglich, dass der Leser wenig erfährt, was er nicht schon wusste. Der Nutzen, der sich [aus diesem Buch] ergibt, liegt vielmehr in der Wiederholung und im sorgfältigen Studium. Denn [dann] wird er an die Dinge erinnert, die der Mensch von Natur aus zu vergessen pflegt, und er wird sich seine Pflichten zu Herzen nehmen, vor denen er sich drückt.

Wenn du über den gegenwärtigen Stand der Dinge in den meisten Teilen der Welt nachdenkst, wirst du sehen, dass die meisten Menschen mit schneller Auffassungsgabe und scharfem Verstand den größten Teil ihrer Gedanken und ihres Interesses den Feinheiten der Weisheit und den

Tiefen der Analyse widmen; jeder Mensch entsprechend seiner intellektuellen Neigung und seinem natürlichen Verlangen.

Es gibt diejenigen, die sich sehr mit dem Studium der Schöpfung und der Natur abmühen. Andere widmen ihr ganzes Studium der Astronomie und Mathematik oder den Künsten. Es gibt andere, die sich mehr dem Heiligen zuwenden, nämlich dem Studium der heiligen Tora. Einige von ihnen beschäftigen sich mit halachischen Analysen, andere mit Midrasch, wieder andere mit Rechtsentscheidungen.

Aber nur wenige sind es, die ihre Gedanken und ihr Studium der Frage nach der Vollkommenheit des [g-ttlichen] Dienstes widmen: der Liebe, der Furcht, der Anhaftung und den anderen Zweigen der Frömmigkeit. Das liegt nicht daran, dass sie diese Dinge nicht für grundlegend halten. Denn wenn du sie fragst, wird dir jeder antworten, dass dies von größter Wichtigkeit ist und dass es unvorstellbar ist, dass jemand als wahrhaft weise angesehen wird, wenn er diese Dinge nicht vollständig verstanden hat.

Dass sie dem nicht mehr Aufmerksamkeit schenken, liegt vielmehr daran, dass es ihnen so vertraut und so selbstverständlich ist, dass sie keine Notwendigkeit sehen, viel Zeit darauf zu verwenden.

[Folglich wird das Studium und die Lektüre solcher Bücher Menschen überlassen, deren Intelligenz nicht so ausgeprägt, ja fast stumpf ist.

Diese Art von Menschen wird man in all dem fleißig

finden und nicht davon ablassen, bis die Situation so weit gekommen ist, dass man, wenn man einen Menschen sieht, der sich mit Frömmigkeit beschäftigt, nicht anders kann, als ihn zu verdächtigen, dass er zu den Menschen mit dumpfer Intelligenz gehört.

Die Folgen dieser Situation sind sowohl für diejenigen, die Weisheit besitzen, als auch für diejenigen, die sie nicht besitzen, sehr schlimm. Denn sie führt dazu, dass es beiden Arten von Menschen an wahrer Frömmigkeit mangelt, so dass sie überall auf der Welt äußerst selten zu finden ist.

Sie fehlt den Weisen, weil sie nicht ausreichend darüber nachdenken, und ebenso den Unweisen, weil sie sie nicht ausreichend begreifen.

Die Situation hat einen Punkt erreicht, an dem die meisten Menschen sich vorstellen, dass Frömmigkeit aus dem Rezitieren vieler Psalmen, sehr langen Beichten, schwerem Fasten und Untertauchen in Eis [Wasser] und Schnee besteht - alles Dinge, die mit dem Verstand unvereinbar sind und mit denen die Vernunft keinen Frieden finden kann.

So ist die wahre Frömmigkeit, die annehmbar ist und geschätzt wird, weit entfernt von dem, was unser Verstand uns vorstellt. Denn es ist offensichtlich, dass "das, wozu sich der Mensch nicht verpflichtet fühlt, keinen Platz in seinem Geist einnimmt".

Obwohl die Anfänge und Grundlagen der Frömmigkeit bereits in das Herz eines jeden aufrechten Menschen eingepflanzt sind, wird er, wenn er sich nicht mit ihrem

Studium beschäftigt, auf ihre Zweige stoßen, sie aber nicht erkennen, und er wird über sie hinweggehen, ohne zu merken, dass er das tut.

Beachte, dass die Dinge der Frömmigkeit und der Furcht und der Liebe [zu G-tt] und der Reinheit des Herzens nicht Dinge sind, die dem Menschen von Natur aus eingepflanzt sind, so dass er keine Mittel braucht, um sie zu erwerben, wie Schlaf und Wachsein, Hunger und Sättigung und all die anderen Reaktionen, die unserer Natur von Natur aus eingepflanzt sind. Vielmehr ist es sicherlich notwendig, Mittel und Strategien einzusetzen, um sie zu erwerben.

Es mangelt auch nicht an schädlichen Faktoren, die den Menschen davon abhalten, aber es mangelt auch nicht an Mitteln und Wegen, die diese Hindernisse auf Distanz halten können.

Wenn das so ist, wie kann es dann nicht notwendig sein, diesem Studium Zeit zu widmen - um die Wahrheit über diese Dinge zu erfahren und die Mittel zu erlernen, sie zu erwerben und zu erfüllen? Woher soll diese Weisheit im Herzen eines Menschen kommen, wenn er sie nicht sucht?!

Denn es ist jedem Weisen klar, daß der G-ttesdienst vollkommen sein muß und daß er rein und sauber sein muß, denn ohne dies ist er gewiß nicht annehmbar, sondern abstoßend und verächtlich, denn "der Ewige erforscht alle Herzen und durchschaut alle Gedanken" (1. Chronik 28,9) "wenn du ihn suchst, so wird er sich von dir finden lassen; wenn du ihn aber verläßt, so wird er dich für immer verstoßen".

Was werden wir am Tag der Zurechtweisung antworten, wenn wir in diesem Studium nachlässig waren und das vernachlässigt haben, was uns so sehr obliegt, dass es die Hauptsache ist, die der Herr, unser G-tt, von uns verlangt?

Ist es denkbar, dass wir unseren Verstand anstrengen und uns mit logischen Untersuchungen beschäftigen, zu denen wir nicht verpflichtet sind, mit scharfen Reden, die keine Früchte tragen, und mit Gesetzen, die für uns nicht relevant sind - und das, was eine so große Schuld gegenüber unserem Schöpfer ist, überlassen wir der Gewohnheit und überlassen es der Routine?

Wenn wir nicht untersuchen und analysieren, was wahre Furcht vor G-tt ist und was ihre Zweige sind, wie können wir sie jemals erwerben? Und wie können wir uns jemals vor den weltlichen Eitelkeiten bewahren, die unser Herz dazu bringen, sie zu vergessen? Wird sie nicht vergessen werden und verschwinden, obwohl wir ihre Notwendigkeit erkennen!

Ebenso die Liebe zu G-tt - wenn wir uns nicht anstrengen, sie in unser Herz einzupflanzen durch alle Mittel, die dazu führen, wie wird sie dann in uns existieren?!

Woher wird die Bindung und die Leidenschaft in unseren Seelen an den gesegneten G-tt und Seine Tora kommen, wenn wir Seiner Größe und Erhabenheit keine Aufmerksamkeit schenken, die in unseren Herzen diese Bindung hervorruft?

Wie werden wir unsere Gedanken reinigen, wenn wir uns nicht bemühen, sie von den Unvollkommenheiten zu befreien, die ihnen von der physischen Natur eingeflößt wurden?! Und was ist mit all unseren Charaktereigenschaften, die ebenfalls so sehr der Richtigstellung und Korrektur bedürfen. Wer wird sie korrigieren und wer wird sie berichtigen, wenn wir uns nicht um sie kümmern und dabei nicht äußerst gewissenhaft sind?!

Wenn wir die Sache wirklich untersuchen würden, würden wir die Wahrheit entdecken und damit uns selbst nützen und es anderen lehren, damit auch sie davon profitieren. Dies ist, was Shlomo sagte: "Wenn ihr es wie Silber sucht und wie einen vergrabenen Schatz, dann werdet ihr die Furcht G-ttes verstehen" (Mishlei 2:4-5).

Er sagte nicht "dann werdet ihr Philosophie verstehen; dann werdet ihr Astronomie verstehen; dann werdet ihr Medizin verstehen; dann werdet ihr juristische Entscheidungen verstehen; dann werdet ihr Gesetze verstehen" - sondern vielmehr "dann werdet ihr die Furcht G-ttes verstehen"! Seht von hier aus, dass man, um die Furcht G-ttes zu verstehen, sie wie Silber suchen und wie einen vergrabenen Schatz aufspüren muss. Reicht es denn aus, was wir von unseren Vorfahren gelehrt bekommen haben und was jedem aufmerksamen Menschen im allgemeinen Sinne vertraut ist?

Ist es denkbar, dass wir Zeit für alle anderen Studienzweige finden, aber nicht für dieses Studium?

Warum sollte ein Mensch sich nicht wenigstens feste Zeiten für dieses Studium einrichten, wenn er gezwungen ist, sich in der übrigen Zeit anderen Studien oder Angelegenheiten zuzuwenden?

Siehe, die Schrift sagt: "Die Furcht vor G-tt - das ist Weisheit" (Hiob 28:28). Unsere Weisen seligen Andenkens kommentierten (Schab 31b): "'Hen' [deutet auf] 'eins' hin, denn im Griechischen wird 'eins' als 'Hen' bezeichnet". Seht, die Furcht vor G-tt wird als Weisheit betrachtet - und das allein ist [wahre] Weisheit. Und sicherlich kann das, was keine Untersuchung erfordert, nicht "Weisheit" genannt werden.

In Wahrheit ist bei all diesen Dingen ein großes Maß an Analyse erforderlich, wenn sie in Wahrheit erkannt werden sollen und nicht als Einbildung und verblendete Logik. Wie viel mehr, um sie zu erwerben und zu erlangen.

Wer über diese Dinge nachdenkt, wird sehen, dass die Frömmigkeit nicht von den Dingen abhängt, die die törichten Frommen denken, sondern von wahrer Vollkommenheit und großer Weisheit.

Das ist es, was Mosche, unser Lehrer, Friede sei mit ihm, uns mit den Worten lehrt: "Und nun, Israel, was verlangt der Ewige, dein G-tt, von dir, als dass du den Ewigen, deinen G-tt, fürchtest, dass du auf allen seinen Wegen wandelst und ihn liebst und dem Ewigen, deinem G-tt, dienst von ganzem Herzen und von ganzer Seele, dass du die Mitzvot (Gebote) G-ttes und seine Satzungen hältst?" (5. Mose 10,12)

Hier umfasste er alle Bereiche der Vollkommenheit des g-ttlichen Dienstes, der für den gesegneten G-tt wünschenswert ist. Sie sind:

Messilat Yesharim — Einführung

Furcht [vor G-tt], Wandeln in Seinen Wegen, Liebe [zu G-tt], Ganzheitlichkeit und Befolgung aller Gebote.

Furcht [vor G-tt] - das ist die Furcht vor der Erhabenheit G-ttes, nämlich dass man sich vor Ihm fürchtet, wie man sich vor einem großen und ehrfurchtgebietenden König fürchten würde, dass man sich vor Seiner Größe schämt, bevor man irgendeine Bewegung vor Ihm macht. Das gilt umso mehr, wenn man vor Ihm im Gebet spricht oder Seine Tora studiert.

In Seinen Wegen wandeln - das schließt alle Angelegenheiten der Aufrichtigkeit und der Korrektur von Charaktereigenschaften ein. Das ist es, was unsere Weisen seligen Andenkens erklärt haben (Schab.133b): "So wie Er barmherzig ist, so seid auch barmherzig..." Das allgemeine Prinzip all dessen ist, dass man alle seine Charaktereigenschaften in der ganzen Vielfalt seiner Taten nach dem richten soll, was gerecht und ethisch ist.

Unsere Weisen seligen Andenkens fassten dieses Sprichwort zusammen: "[Was ist der richtige Weg, den ein Mensch für sich selbst wählen sollte?] Was immer harmonisch für den ist, der es tut, und harmonisch für andere Menschen" (Pirkei Avot 2:1). Das heißt, das, was zum Ziel der wahren Wohltätigkeit führt, nämlich die Stärkung der Tora und die Förderung der gesellschaftlichen Brüderlichkeit.

Liebe - dass man in seinem Herzen die Liebe zu G-tt eingepflanzt hat, bis seine Seele bewegt ist, das zu tun, was Ihm gefällt, so wie sein Herz bewegt ist, das zu tun, was seinem Vater und seiner Mutter gefällt. Es wird ihn schmerzen, wenn es ihm oder anderen daran mangelt. Er wird dafür eifern und große Freude empfinden, wenn er etwas davon tut.

Ganzheitlichkeit - dass der Dienst vor dem gesegneten G-tt aus reinen Motiven erfolgt, nämlich allein um Seines Dienstes willen und nicht aus anderen Motiven.

Dazu gehört auch, dass man in seinem Dienst von ganzem Herzen hingegeben ist und nicht wie jemand, der "zwischen zwei Seiten schwankt" (Könige 18,21), oder wie jemand, der aus Gewohnheit tut. Vielmehr soll er mit ganzem Herzen dabei sein.

Alle Gebote halten - wie die Worte andeuten, nämlich alle Gebote in ihrer Gesamtheit zu halten, in all ihren detaillierten Regeln und Bedingungen.

Sehen Sie, alle diese allgemeinen Grundsätze bedürfen einer langen Erklärung. Ich habe herausgefunden, dass unsere Weisen seligen Andenkens alle diese Abteilungen [des G-ttesdienstes] in verschiedenen Worten zusammengefasst haben, die nach der Reihenfolge der Schritte geordnet sind, die notwendig sind, um sie richtig zu erwerben. Dies wurde in einer Beraitha gelehrt und an mehreren Stellen im Talmud zitiert. Eine davon ist im Kapitel "vor ihren Festen" (Avodah Zara 20b): ["Du sollst dich vor allem Bösen hüten" - Devarim 23:10...]

Von hier aus leitete Rabbi Pinchas ben Yair ab:

Tora führt zu Wachsamkeit;
Wachsamkeit führt zu Eifer;
Eifer führt zu Sauberkeit;
Sauberkeit führt zur Absonderung;
Absonderungen führen zu Reinheit;

Messilat Yesharim — Einführung

Reinheit führt zu Frömmigkeit;
Frömmigkeit führt zu Demut;
Demut führt zu Furcht vor der Sünde;
Furcht vor der Sünde führt zu Heiligkeit;
Heiligkeit führt zum Heiligen Geist,
und der Heilige Geist führt zur Erweckung der Toten.

Auf der Grundlage dieser Beraitha habe ich es unternommen, dieses Werk zu verfassen, um mich selbst zu belehren und andere an die Bedingungen des vollkommenen Dienstes zu erinnern, je nach den ihnen eigenen Stufen. Ich werde die Natur jeder einzelnen von ihnen, ihre Unterteilungen und Einzelheiten, die Art und Weise, sie zu erwerben, ihre nachteiligen Faktoren und die Art und Weise, sich vor ihnen zu schützen, erläutern, damit ich und jeder, der es angenehm findet, es lesen kann, um zu lernen, den Herrn, unseren G-tt, zu fürchten und unsere Pflicht Ihm gegenüber nicht zu vergessen. Was die natürliche Körperlichkeit aus unseren Herzen zu entfernen sucht, wird das Lesen und Nachdenken uns daran erinnern und uns zu dem erwecken, was uns befohlen wurde.

Möge G-tt unser Vertrauen sein und unsere Füße vor dem Stolpern bewahren (Sprüche 3,26), und möge sich in uns die Bitte des Psalmisten erfüllen, der seinen G-tt liebt: "Lehre mich deine Wege, G-tt; ich will wandeln in deiner Wahrheit; mache mein Herz zur Furcht vor deinem Namen" (Ps. 86,11).

Messilat Yesharim

Kapitel Eins

Die Pflicht des Menschen auf dieser Welt

Die Grundlage der Frömmigkeit und die Wurzel des vollkommenen Dienstes [an G-tt] besteht darin, dass der Mensch sich klarmacht und als Wahrheit erkennt, was seine Pflicht in dieser Welt ist und worauf er seinen Blick und sein Streben in all dem richten muss, wofür er sich alle Tage seines Lebens abmüht.

Siehe, was unsere Weisen, seligen Angedenkens, uns gelehrt haben, ist, dass der Mensch einzig und allein geschaffen wurde, um sich an G-tt zu erfreuen und um Freude am Glanz der Schechina (g-ttliche Gegenwart) zu haben. Denn dies ist die wahre Freude und das größte Vergnügen, das es überhaupt geben kann. Der Ort dieses Vergnügens liegt in Wahrheit in Olam Haba (der kommenden Welt). Denn sie wurde ausdrücklich zu diesem Zweck geschaffen.

Aber der Weg zu unserem "ersehnten Zufluchtsort" (Ps. 107:30) ist diese Welt. Das haben unsere Weisen seligen Andenkens gesagt: "Diese Welt ist wie ein Korridor vor der kommenden Welt" (Avot 4:16).

Die Mittel, die den Menschen zu diesem Ziel führen, sind die Gebote, die der gesegnete G-tt uns befohlen hat. Der Ort, an dem diese Gebote erfüllt werden, ist nur in dieser

Welt. Deshalb wurde der Mensch zuerst in diese Welt gesetzt, damit er durch diese Mittel, die hier für ihn vorbereitet wurden, den Ort erreichen kann, der für ihn vorbereitet wurde, nämlich die kommende Welt, um dort mit dem Guten gesättigt zu werden, das er durch diese Mittel erworben hat. Das ist es, was unsere Weisen seligen Andenkens sagten: "heute, um sie zu tun, und morgen, um ihren Lohn zu empfangen" (Eruvin 22,1).

Wenn du dich näher mit der Materie beschäftigst, wirst du sehen, dass wahre Vollkommenheit nur in der Anhänglichkeit an G-tt liegt. Das ist es, was König David sagte: "Aber was mich betrifft, so ist die Nähe zu G-tt mein Gut" (Ps. 73:28) und: "Eines habe ich von G-tt erbeten, dass ich suche, in G-ttes Haus zu wohnen alle Tage meines Lebens, um die Wohltat G-ttes zu bestaunen..." (Ps. 27:4). Denn nur dies ist das Gute, während alles andere, was die Menschen für gut halten, in Wirklichkeit Leere und falsche Wertlosigkeit ist.

Damit der Mensch dieses Gut erlangt, ist es richtig, dass er sich zuerst mit aller Kraft anstrengt, es zu erwerben, nämlich sich an den gesegneten G-tt zu klammern durch die Kraft der Taten, deren Folge dieses Ziel ist. Diese Taten sind die Gebote.

Der Heilige, gepriesen sei Er, hat den Menschen in eine Lage versetzt, in der die Faktoren, die ihn von dem gesegneten G-tt entfernen, zahlreich sind. Das sind die körperlichen Begierden, und wenn er ihnen nachläuft, siehe, dann zieht er sich zurück und entfernt sich immer weiter vom wahren Guten.

Wir sehen also, dass sich der Mensch wirklich inmitten

eines wütenden Schlachtfeldes befindet. Denn alle Dinge dieser Welt, ob im Guten oder im Bösen, sind Prüfungen für den Menschen. Armut auf der einen Seite und Reichtum auf der anderen Seite. Dies ist, wie Shlomo sagte: "Damit ich nicht satt werde und Dich verleugne und sage: Wer ist G-tt? oder damit ich nicht arm werde und stehle ..." (Spr 30:9). Ruhe auf der einen Seite und Leiden auf der anderen, bis der Kampf gegen ihn von vorne und von hinten geführt wird.

Wenn er ein tapferer Mann ist, der aus dem Kampf an allen Fronten siegreich hervorgeht, wird er der "Adam HaShalem" (ganzer/vollkommener Mensch) sein, der es verdient, sich an seinen Schöpfer zu klammern und aus diesem Korridor herauszutreten, um den Palast zu betreten und im Licht des (ewigen) Lebens zu erleuchten.

In dem Maße, in dem er seine Neigungen und Begierden besiegt und sich von den Faktoren, die ihn vom Guten entfernen, distanziert und sich bemüht, an G-tt festzuhalten, in dem Maße wird er es erreichen und sich daran erfreuen.

Wenn du tiefer in die Materie eindringst, wirst du sehen, dass diese Welt zum Nutzen des Menschen geschaffen wurde. Aber siehe, der Mensch steht auf einer großen Waage. Denn wenn er der Welt nachläuft und sich von seinem Schöpfer entfernt, siehe, dann verdirbt er sich selbst und verdirbt die Welt mit ihm. Wenn er aber über sich selbst herrscht und an seinem Schöpfer festhält und die Welt nur als Hilfsmittel benutzt, um seinem Schöpfer zu dienen - dann erhebt er sich selbst und erhebt die Welt mit ihm. Denn alle Schöpfungen sind hoch erhoben, wenn sie dem "Adam HaShalem" (ganzer/vollkommener

Mensch) dienen, der mit der Heiligkeit des gesegneten G-tt geheiligt ist.

Dies ist wie das, was unsere Weisen seligen Andenkens über das Licht sagten, das G-tt für die Gerechten aufbewahrt (Chagiga 12a): "Als G-tt das Licht sah, das Er für die Gerechten aufbewahrte, freute Er sich, wie geschrieben steht: 'das Licht der Gerechten freut sich' (Spr 13:9)".

Und über die "Steine des Ortes", die Yaakov nahm und unter sein Haupt legte, sagt der Midrasch (Chulin 91b): "Rabbi Yitzchak sagt: 'Das lehrt uns, dass sie sich an einem Ort versammelten und jeder sagte: Lass den Gerechten sein Haupt auf mich legen'".

Unsere Weisen haben uns in Midrasch Kohelet auf dieses grundlegende Prinzip aufmerksam gemacht, indem sie sagten: "Seht das Werk G-ttes." (Pred. 7:13), "als der Heilige, gepriesen sei Er, Adam erschuf, nahm Er ihn und führte ihn an allen Bäumen des Gartens Eden vorbei und sagte zu ihm: 'Sieh, wie schön und vortrefflich meine Werke sind. Alles, was ich geschaffen habe, habe ich um deinetwillen geschaffen. Hüte dich, dass du nicht verdorben wirst und meine Welt zerstörst."

Das allgemeine Prinzip dieser Angelegenheit: Der Mensch wurde nicht für seinen Zustand in dieser Welt geschaffen, sondern für seinen Zustand in der kommenden Welt. Sein Zustand in dieser Welt ist nur ein Mittel auf dem Weg zu seinem Zustand in der kommenden Welt, der sein letztes Ziel ist.

Daher findet man viele Aussagen unserer Weisen,

gesegneten Andenkens, die alle in eine ähnliche Richtung gehen, indem sie diese Welt mit einem Ort und einer Zeit der Vorbereitung vergleichen, während die nächste Welt mit einem Ort der Ruhe und des Essens dessen, was bereits vorbereitet wurde, verglichen wird. Sie sagten zum Beispiel: "Diese Welt ist wie ein Korridor" (Avos 4:16), wie ich bereits geschrieben habe; "heute für ihre Leistung und morgen [um ihren Lohn zu erhalten]..." (Avodah Zara 3a); "Wer am Freitag gearbeitet hat, wird am Sabbat essen" (Kohelet Raba 1:15); "diese Welt ist wie das Ufer und die nächste Welt wie das Meer", und viele andere Aussagen in der gleichen Richtung.

Du siehst also, dass kein vernünftiger Mensch glauben kann, dass der Zweck der Schöpfung des Menschen in seiner Existenz in dieser Welt besteht. Denn was ist das Leben des Menschen in dieser Welt? Wer ist wirklich glücklich und zufrieden in dieser Welt? "Die Tage unseres Lebens sind 70 Jahre, und wenn wir stark sind, 80 Jahre, und doch ist ihre Dauer nur Mühsal und Not" (Ps. 90,10).

Wie viele Arten von Bedrängnis und Krankheit, Schmerz und Last, und nach all dem der Tod! Nicht einer unter Tausenden kann gefunden werden, dem diese Welt viel Vergnügen und wahre Zufriedenheit gewährt hat. Und selbst ein solcher Mensch, wenn er das Alter von hundert Jahren erreicht, ist bereits [wie einer, der] von der Welt gegangen und verschwunden ist.

Wäre der Zweck der Erschaffung des Menschen um dieser Welt willen, so wäre es nicht nötig gewesen, ihn mit einer so hohen und erhabenen Seele auszustatten, die sogar größer ist als die der Engel.

Vor allem, wenn die Seele keinerlei Befriedigung in den Vergnügungen dieser Welt findet. Das lehren uns unsere Weisen im Midrasch Kohelet: "'aber die Seele wird nicht erfüllt' (Kohelet 6:7) - Worauf bezieht sich das? Auf den Fall eines einfachen Bauern, der die Tochter des Königs heiratet. Selbst wenn er ihr alles mitbrächte, was das Dorf besäße, wäre das nichts für sie. Denn sie ist die Tochter des Königs. So ist es auch mit der Seele: Wenn du ihr alle Freuden dieser Welt bringen würdest, wären sie für sie wie nichts. Denn sie ist aus höheren Welten" (Kohelet Raba 6:7).

In ähnlicher Weise lehrten uns unsere Weisen seligen Andenkens: "Gegen deinen Willen wurdest du geformt, und gegen deinen Willen wurdest du geboren" (Avot 4:22). Denn die Seele liebt diese Welt überhaupt nicht. Im Gegenteil, sie verachtet sie. Wenn dem so wäre, hätte der Schöpfer, gepriesen sei Sein Name, niemals etwas zu einem Zweck geschaffen, der gegen seine Natur ist und von ihm verachtet wird!

Vielmehr wurde der Mensch für seinen Zustand in der kommenden Welt geschaffen. Deshalb wurde diese Seele in ihn hineingelegt, denn es ziemt sich für die Seele, G-tt zu dienen; und durch sie wird ein Mensch zur rechten Zeit und am rechten Ort belohnt werden. So wird diese Welt für seine Seele nicht etwas Verachtetes sein, sondern sie wird von ihr geliebt und geschätzt werden. Dies ist offensichtlich.

Seht, wenn wir das alles wissen, werden wir sofort erkennen, welch große Verpflichtung die Gebote für uns bedeuten und wie wertvoll der g-ttliche Dienst ist, der in unseren Händen liegt. Denn dies sind die Mittel, die uns zur wahren Vollkommenheit führen. Ohne sie wird dieser Zustand nicht im Geringsten erreicht werden.

Es ist bekannt, dass ein Ziel nicht erreicht wird, ohne dass alle Mittel, die zu seiner Verwirklichung gefunden und eingesetzt werden, ihren Beitrag leisten. Die Erreichung des Ziels hängt von der Kapazität der Mittel und ihrer Verwendung ab, und jede geringfügige Abweichung bei den eingesetzten Mitteln wird sich im Endergebnis, das sich aus ihren kombinierten Beiträgen ergibt, deutlich bemerkbar machen. Das ist selbstverständlich.

Es ist daher offensichtlich, dass wir in der Art und Weise, wie wir die Gebote und den Dienst G-ttes befolgen, bis zum äußersten Grad akribisch sein müssen, so wie die Händler von Gold und Edelsteinen aufgrund ihres kostbaren Wertes bis zur äußersten Präzision beim Wiegen akribisch sind. Denn die Früchte der Gebote sind die wahre Vollkommenheit und die ewige Kostbarkeit, von der es nichts Wertvolleres gibt.

Um zusammenzufassen, was wir gelernt haben, besteht der primäre [Zweck] der Existenz des Menschen in dieser Welt einzig und allein darin, die Gebote zu erfüllen, [G-tt] zu dienen und den Prüfungen standzuhalten.

Die Vergnügungen dieser Welt sollten nur dazu dienen, ihm zu helfen und beizustehen, so dass er Ruhe und Seelenfrieden hat, um sein Herz für diesen ihm obliegenden Dienst frei zu machen.

So ist es richtig, dass die ganze Neigung eines Menschen einzig und allein dem gesegneten Schöpfer gilt und dass alle seine Handlungen, ob groß oder klein, keinen anderen Zweck haben, als sich G-tt, gesegnet sei Er, zu nähern und alle Schranken niederzureißen, die ihn von seinem Fürsten trennen, die alle Dinge der Körperlichkeit und die von ihnen abhängigen Dinge sind, bis er zu dem gesegneten G-tt hingezogen wird wie Eisen zu einem Magneten.

Und alles, was er als ein Mittel ansieht, das dazu dient, sich G-tt zu nähern, dem wird er nachjagen, es festhalten und nicht mehr loslassen.

Und alles, was er für schädlich hält, sollte er fliehen, wie man vor dem Feuer flieht, ähnlich dem, was geschrieben steht: "Meine Seele klammert sich an Dich. Deine rechte Hand stützt mich" (Ps 63,9).

Denn nur zu diesem Zweck ist er in diese Welt gekommen, nämlich um diese Nähe zu erlangen, indem er seine Seele aus jeglichem Hindernis und Nachteil für sie rettet.

Seht, nachdem wir dieses allgemeine Prinzip erkannt und seine Wahrhaftigkeit geklärt haben, müssen wir seine Einzelheiten untersuchen, entsprechend seinen Stufen, vom Anfang bis zum Ende, wie Rabbi Pinchas ben Yair in seiner Lehre, die wir in der Einleitung gebracht haben, angeordnet hat. Diese Stufen sind "Wachsamkeit", "Eifer", ""Sauberkeit", ""Absonderung", "Reinheit", "Frömmigkeit", "Demut", "Furcht vor der Sünde", "Heiligkeit".

Nun werden wir sie mit G-tt's Hilfe einen nach dem anderen erläutern.

Messilat Yesharim

Kapitel Zwei

Der Charakterzug der Wachsamkeit

Die Idee der Wachsamkeit besteht darin, dass man auf seine Taten und Angelegenheiten achtet, d.h. dass man über seine Taten und Wege nachdenkt und darüber wacht, ob sie gut oder böse sind; dass man seine Seele nicht der Gefahr des Verderbens aussetzt, G-tt bewahre, und dass man nicht wie ein Blinder in der Dunkelheit durch den Lauf der Gewohnheiten geht.

Die Vernunft gebietet dies gewiss. Denn nachdem ein Mensch über Wissen und Vernunft verfügt, um sich selbst zu retten und der Zerstörung seiner Seele zu entgehen, wie ist es da denkbar, dass er seine Augen willentlich vor der Rettung verschließt?!

Es gibt sicherlich keine schlimmere Erniedrigung und Torheit als diese. Wer das tut, ist niedriger als die Tiere, deren Natur es ist, sich zu schützen und vor allem zu fliehen, was ihnen gefährlich erscheint.

Wer in seiner Welt umhergeht, ohne darüber nachzudenken, ob seine Wege gut oder böse sind, gleicht einem Blinden, der am Ufer eines Flusses wandelt. Seine Gefahr ist sicherlich sehr groß, und sein Unglück ist wahrscheinlicher als sein Entkommen. Denn die Nachlässigkeit, sich vor Gefahren zu schützen, die auf natürlicher Blindheit beruht, und die Nachlässigkeit, die auf vorsätzlicher Blindheit beruht, d. h. darauf, dass man seine Augen aus freien Stücken und aus eigenem Antrieb verschließt, ist ein und dasselbe.

Jeremia beklagte sich über das Übel, dass seine Zeitgenossen von dieser Krankheit befallen waren. Sie verschließen die Augen vor ihren Taten und denken nicht darüber nach, was sie tun, ob sie es tun oder unterlassen sollen.

Über sie sagte er: "Kein Mensch bereut sein Böses und sagt. Was habe ich getan? Ein jeder rennt auf seinem eigenen Weg, wie das Pferd in die Schlacht." (Jer. 8:6)

Die Erklärung dafür ist, dass sie dem Schwung der Gewohnheit und des Verhaltens folgten und gingen, ohne sich Zeit zu lassen, über ihre Taten und Wege nachzudenken. So fielen sie in das Böse, ohne es überhaupt zu sehen.

In Wahrheit ist dies eine der listigen Strategien der bösen Neigung, die Herzen der Menschen unablässig mit ihrem Dienst zu belasten, um ihnen keinen Raum zum Nachdenken und Überlegen zu lassen, welchen Weg sie einschlagen.

Denn er weiß, dass sie, wenn sie sich ihre Wege auch nur ein bisschen zu Herzen nehmen würden, sicherlich sofort anfangen würden, ihre Taten zu bereuen. Die Reue würde in ihnen weitergehen und sich verstärken, bis sie die Sünde ganz aufgeben würden.

Dies ist vergleichbar mit dem Rat des bösen Pharaos, der sagte: "Verstärkt die Arbeit der Männer..." (Ex. 5:9).

Seine Absicht war es, ihnen keinerlei Zeit zu lassen, sich ihm zu widersetzen oder sich gegen ihn zu verschwören. Er wollte ihre Herzen durch die ständige, unaufhörliche Arbeit von jeglicher Besinnung abhalten.

Das ist genau der Trick, den die böse Neigung bei den Menschen anwendet. Denn er ist ein geschickter Kämpfer, ein Experte in der Kunst der List. Es ist unmöglich, ihm ohne große Weisheit und weitreichende Visionen zu entkommen. Das ist es, was der Prophet ausrief: "Gebt Acht auf eure Wege!" (Chagai 1:7).

Und wie Shlomo in seiner Weisheit sagte: "Gib deinen Augen keinen Schlaf und deinen Augenlidern keinen Schlummer. Rette dich wie ein Reh vor der Hand des Jägers und wie ein Vogel vor der Hand des Vogelfängers" (Spr 6,4).

Und unsere Weisen seligen Andenkens sagten: "Wer seine Wege in dieser Welt prüft, verdient es, die Rettung des Heiligen, gepriesen sei Er, zu sehen".

Und es ist offensichtlich, dass selbst wenn man auf sich selbst achtet, es nicht in seiner Macht steht, sich ohne die Hilfe des Heiligen, gepriesen sei Er, zu retten. Denn die böse Neigung ist ungeheuer mächtig, wie die Heilige Schrift sagt: "Der Böse wacht über den Gerechten und sucht ihn zu töten, G-tt wird ihn nicht verlassen nach seiner Macht" (Ps. 37:32).

Wenn ein Mensch über sich selbst wacht, dann hilft ihm der Heilige, gepriesen sei Er, und er wird vor der bösen Neigung gerettet.

Ist er aber nicht auf sich selbst bedacht, so wird der

Heilige, gepriesen sei Er, gewiss nicht auf ihn aufpassen. Denn wenn er nicht auf sich selbst achtet, wer sollte dann auf ihn achten? Dies ist, wie unsere Weisen seligen Andenkens gesagt haben: "Es ist verboten, jemanden zu bemitleiden, der kein Wissen hat" (Berachot 33a), und das ist die Bedeutung dessen, was sie sagten: "Wenn ich nicht für mich selbst bin, wer wird dann für mich sein?" (Avot 1:14).

Messilat Yesharim

Kapitel Drei

Die Unterteilungen der Wachsamkeit

Wer über sich selbst wachen will, muss sich mit zwei Dingen befassen.

Erstens: dass er darüber nachdenkt, was das wahre Gute ist, das der Mensch wählen soll, und was das wahre Böse ist, vor dem er fliehen soll.

Zweitens: die Handlungen, die er ausführt, um festzustellen, ob sie in die Kategorie des Guten oder des Bösen fallen.

Dies gilt sowohl für die Zeit, in der er handelt, als auch für die Zeit, in der er nicht handelt.

Beim Tun: dass er keine Handlung tut, ohne sie vorher mit der Waage dieses Verstandes abzuwägen.

Nicht im Tun: dass er sich seine Taten im Allgemeinen ins Gedächtnis ruft und sie ebenfalls auf dieser Waage abwägt, um festzustellen, was sie an Bösem enthalten, um es aufzugeben, und was an Gutem, um es zu bewahren und sich darin zu stärken. Wenn er in ihnen das Böse findet, sollte er darüber nachdenken und nachforschen und sich eine Strategie ausdenken, um sich von diesem Bösen abzuwenden und sich davon zu reinigen.

Unsere Weisen seligen Andenkens lehrten uns dies in ihrem Spruch: "Es wäre für den Menschen besser gewesen, wenn er nicht erschaffen worden wäre, aber jetzt, wo er erschaffen wurde, soll er seine Taten untersuchen (pishpush); andere sagen: er soll seine Taten erfühlen (mashmesh)" (Eruvin 13a). Seht, diese beiden Begriffe sind zwei sehr gute und nützliche Anweisungen.

Das "Prüfen" (pishpush) der Taten bedeutet, seine Taten allgemein zu untersuchen und zu prüfen, ob sie Taten enthalten, die man nicht tut, nämlich solche, die nicht im Einklang mit den Geboten G-ttes und seinen Satzungen stehen. Alles, was er von diesen findet, sollte er aus der Welt tilgen.

Das "Ertasten" (mischmusch) von Taten ist andererseits eine Untersuchung auch der guten Taten selbst, um zu sehen, ob sie irgendeine Neigung enthalten, die nicht gut ist, oder irgendeine böse Komponente, die er entfernen und ausrotten muss.

Dies ist vergleichbar mit dem Abtasten eines Kleidungsstücks, um festzustellen, ob es gut und stark oder schwach und ausgefranst ist. So sollte er auch seine Taten abtasten, um ihre Natur durch eine absolut gründliche Untersuchung festzustellen, bis sie rein und sauber sind.

Der allgemeine Grundsatz lautet: Der Mensch prüft alle seine Taten und wacht über alle seine Wege, um keine schlechte Gewohnheit oder schlechte Eigenschaft, erst recht keine Übertretung oder Sünde zu hinterlassen.

Ich halte es für notwendig, dass ein Mensch sorgfältig ist

und jeden Tag seine Wege abwägt, wie die großen Kaufleute, die alle ihre Geschäfte ständig überprüfen, damit sie nicht ausarten. Er sollte bestimmte Zeiten und Stunden für dieses Abwägen festlegen, damit es nicht willkürlich, sondern mit größter Regelmäßigkeit geschieht, denn es bringt große Ergebnisse.

Unsere Weisen seligen Andenkens lehrten uns ausdrücklich die Notwendigkeit dieser Buchführung, wie sie sagten (Bava Batra 78b):

"Da sprachen die Obersten: Lasst uns Rechenschaft ablegen" (Num 21,27). Deshalb sagten die Machthaber - aus ihren [bösen] Neigungen heraus -, komm und betrachte die Abrechnung der Welt - den Verlust, der durch das Verrichten einer Mitzwa entstanden ist, gegen den Gewinn, der dadurch erzielt wurde, und den Gewinn, der durch das Verrichten einer Sünde erzielt wurde, gegen den entstandenen Verlust..."

Dieser wahre Rat konnte nur von denen gegeben werden, die bereits aus den Händen ihrer bösen Neigung herausgegangen waren und sie beherrschten. Denn wer noch im Gefängnis seiner bösen Neigung gefangen ist, dessen Augen sehen diese Wahrheit nicht, und er ist nicht fähig, sie zu erkennen. Denn die böse Neigung blendet buchstäblich seine Augen. Er ist wie jemand, der in der Dunkelheit wandelt, wo Stolpersteine vor ihm liegen, aber seine Augen sehen sie nicht.

Das ist es, was unsere Weisen sagten: "'Du machst Finsternis, und es ist Nacht' (Ps. 104:20) - das bezieht sich auf diese Welt, die der Nacht gleicht." (Bava Metzia 83b).

Messilat Yesharim   Kapitel Drei

Wie wundersam ist diese wahrheitsgemäße Aussage für denjenigen, der tief eindringt, um sie zu verstehen. Denn siehe, die Dunkelheit der Nacht führt die Augen des Menschen auf zwei Arten in die Irre. (1) Sie verdeckt das Auge, so dass es nicht sehen kann, was vor ihm ist. (2) Oder sie täuscht ihn, so dass eine Säule erscheint, als sei sie ein Mensch oder ein Mensch als Säule.

So ist auch die Materie und Körperlichkeit dieser Welt - siehe, sie ist für das Auge des Verstandes wie die Finsternis der Nacht und führt ihn in zweierlei Hinsicht in die Irre:

Erstens hindert sie ihn daran, die Stolpersteine zu sehen, die auf den Wegen dieser Welt liegen.

So gehen die Einfaltspinsel zuversichtlich, fallen und sind verloren, ohne vorher Angst verspürt zu haben. Das ist es, worauf sich die Schrift bezieht: "Der Weg der Gottlosen ist wie Finsternis; sie wissen nicht, worüber sie stolpern" (Spr 4,19), und "der Kluge sieht das Böse voraus und verbirgt sich, aber der Törichte begeht eine Übertretung und wird bestraft" (Spr 22,3), und "[ein Weiser fürchtet sich und weicht vom Bösen ab], aber der Törichte übertritt und fühlt sich sicher" (Spr 14,16). Denn sie fühlen sich sicher wie ein Bauwerk und fallen, bevor sie den Stolperstein überhaupt erkannt haben.

Der zweite Irrtum, der noch schlimmer ist als der erste, besteht darin, dass [die Finsternis] ihre Sicht verzerrt, bis sie buchstäblich das Böse sehen, als wäre es gut, und das Gute, als wäre es böse. So halten sie an ihren bösen Wegen fest. Denn es fehlt ihnen nicht nur die [richtige] Sicht, um die Wahrheit zu sehen, um das Böse direkt vor ihren Augen zu erkennen, sondern sie halten es auch für angebracht, große Beweise und überzeugende Beweise heraufzubeschwören, um ihre böse Logik und falschen Ideen zu unterstützen.

Das ist das große Übel, das sie einhüllt und ihnen anhaftet und sie in den Abgrund des Verderbens trägt. So steht es in der Schrift: "Das Herz dieses Volkes ist fett geworden, und seine Ohren sind schwer, und seine Augen sind verschlossen, damit es nicht mit den Augen sieht und mit den Ohren hört und mit dem Herzen versteht und umkehrt und geheilt wird" (Jesaja 6,10).

All dies ist darauf zurückzuführen, dass sie unter dem Einfluss der Finsternis stehen und unter der Herrschaft ihrer bösen Neigung gefangen gehalten werden. Diejenigen aber, die diesem Gefängnis bereits entkommen sind, können die Wahrheit klar erkennen und andere Menschen darin beraten.

Womit ist dies vergleichbar? Mit einem Labyrinth. Das ist ein Garten, der zum Vergnügen angelegt wurde und den Adeligen allgemein bekannt ist. Die Pflanzenhecken sind zu vielen verschlungenen Mauern angeordnet, darunter viele verwirrende und verschlungene Pfade, die alle ähnlich aussehen.

Das Ziel ist es, den Aussichtsturm in der Mitte des Labyrinths zu erreichen. Aber unter diesen Pfaden führen einige wirklich zum Turm, während andere ihn täuschen und ihn vom Turm wegführen.

Derjenige, der zwischen den Pfaden wandelt, ist überhaupt nicht in der Lage zu sehen oder zu wissen, ob er auf einem richtigen oder einem trügerischen Weg geht. Denn jeder erscheint ähnlich, und für das Auge, das sie betrachtet, gibt es keinen erkennbaren Unterschied. Er wird den Turm nicht erreichen, es sei denn, er kennt den richtigen Weg durch vorherige Erfahrung und visuelle Vertrautheit, indem er ihn schon einmal betreten und das Ziel, nämlich den Turm, erfolgreich erreicht hat.

Derjenige, der auf dem Aussichtsturm steht, kann dagegen alle Wege vor sich sehen und zwischen dem richtigen und dem falschen Weg unterscheiden. Er ist in der Lage, diejenigen zu warnen, die auf ihnen gehen und ihnen zu sagen: "Das ist der richtige Weg!".

Wer bereit ist, ihm zu glauben, wird den vorgesehenen Ort erreichen. Wer aber nicht bereit ist, ihm zu glauben, sondern lieber seinen eigenen Augen folgt, der wird sicher verloren bleiben und den Ort nicht erreichen.

So ist auch hier derjenige, der seine böse Neigung noch nicht beherrscht hat, inmitten der "Pfade" verloren und kann sie nicht unterscheiden. Diejenigen aber, die ihre böse Neigung beherrschen, die den Turm bereits erreicht und die Wege verlassen haben und die alle Wege klar vor Augen haben - sie können denen, die bereit sind zuzuhören, Ratschläge geben. Es sind diese Menschen, denen wir vertrauen müssen.

Und was ist der Rat, den sie uns geben? "Lasst uns Rechenschaft ablegen, kommt und betrachtet die Rechenschaft der Welt". Denn sie haben bereits erfahren, gesehen und gelernt, dass dies allein der wahre Weg ist, der den Menschen zu dem Guten führt, das er sucht, und dass es außer diesem keinen anderen gibt.

Messilat Yesharim   Kapitel Drei

Die Zusammenfassung der ganzen Angelegenheit ist, dass der Mensch immer, zu jeder Zeit und auch während der festgesetzten Zeit der Einsamkeit, mit seinem Verstand darüber nachdenken muss, was der wahre Weg gemäß der Thora ist, auf dem der Mensch gehen muss. Und danach soll er über seine eigenen Taten nachdenken, um festzustellen, ob sie auf diesem Weg sind oder nicht. Denn dadurch wird es ihm sicherlich leicht fallen, sich von allem Bösen zu reinigen und alle seine Wege zu korrigieren, wie es in der Schrift heißt: "Wäge den Weg deiner Füße, und alle deine Wege werden feststehen" (Spr 4,26) und "Lasst uns suchen und unsere Wege prüfen, und wir werden zu G-tt zurückkehren" (Eicha 3,40).

Messilat Yesharim

Kapitel Vier

Erlangung der Wachsamkeit

Im Allgemeinen ist das, was einen Menschen zur Wachsamkeit bringt, das Studium der Tora, wie Rabbi Pinchas ben Yair in der Beraitha sagt: "Die Tora bringt zur Wachsamkeit."

Was aber insbesondere zur Wachsamkeit führt, ist das Nachdenken über die Schwere des Dienstes, zu dem ein Mensch verpflichtet ist, und die Tiefe der Strafe, die er dafür erleidet. Diese Erkenntnis ergibt sich aus dem Studium der Ereignisse, die in den heiligen Büchern berichtet werden, und aus dem Studium der Aussagen unserer Weisen seligen Andenkens, die einen dazu aufrütteln.

Dieses Nachdenken hat unterschiedliche Grade der Erregung für diejenigen, die ein volles Verständnis haben, für diejenigen, die ein geringeres Verständnis haben, und für die breite Masse. Diejenigen, die ein vollkommenes Verständnis haben, werden zur Wachsamkeit erweckt, indem sie klar erkennen, dass nur die Vollkommenheit und nichts anderes ihrer Sehnsucht würdig ist und dass es kein größeres Übel gibt als den Mangel an Vollkommenheit und die Entfernung von ihr.

Denn nachdem ihnen dies klar geworden ist, und ebenso,

nachdem ihnen klar geworden ist, dass die Mittel zur Vollkommenheit gute Taten und Eigenschaften sind, werden sie gewiss niemals zustimmen, diese Mittel zu vermindern oder darin nachsichtig zu sein. Denn es ist ihnen bereits klar geworden, dass sie die wahre Vollkommenheit nicht erreichen werden, wenn sie in diesen Mitteln nachlassen oder darin schwach sind und nicht die volle notwendige Kraft aufbringen. Vielmehr wird sie im Verhältnis zu ihrem geringeren Einsatz im notwendigen Ausmaß reduziert, so dass ihnen die Vollkommenheit fehlt, was ein großes Unglück und großes Übel für sie ist.

Deshalb werden sie sich dafür entscheiden, diese Mittel zu maximieren und in allen Einzelheiten streng zu sein, und sie werden keine Ruhe und keinen Frieden finden, weil sie sich Sorgen machen, dass ihnen etwas fehlen könnte, was sie zu der Vollkommenheit bringt, die sie sich wünschen. Das ist es, was König Shlomo, Friede sei mit ihm, sagte: "Glücklich ist der Mann, der sich immer fürchtet" (Mischlei 28:14), was sich, wie unsere Weisen erklären (Berachot 60a), auf Angelegenheiten der Tora bezieht.

Der Gipfel dieser Stufe, die "Furcht vor der Sünde" genannt wird, eine der größten Stufen, ist, wenn ein Mensch ständig Angst und Sorge hat, dass er irgendeine Spur von Sünde in der Hand hat, die ihn an der Vollkommenheit hindert, nach der er zu streben verpflichtet ist.

Diesbezüglich sagten unsere Weisen seligen Andenkens: "Dies lehrt, dass jeder Mensch von der Chupa (dem Baldachin) seines Nächsten verbrannt wird" (Bava Basra

75a). Dieses [Verbrennen] bezieht sich nicht auf Eifersucht, die nur Menschen trifft, denen es an Verständnis mangelt, wie ich mit G-tt's Hilfe erklären werde. Vielmehr ist es darauf zurückzuführen, dass man sich selbst nicht in der Lage sieht, die Vollkommenheit zu erreichen, die sein Mitmensch erreicht hat, so wie er sie erreicht hat.

Durch diese Betrachtung wird jemand, der ein vollkommenes Verständnis hat, sicherlich nicht davon ablassen, auf seine Taten zu achten.

Diejenigen mit einem geringeren Verstand werden jedoch je nach ihren Wahrnehmungen zur Wachsamkeit angeregt. Nämlich je nach der Sache der Ehre, nach der sie verlangen.

Denn es ist jedem gläubigen Menschen klar, dass die verschiedenen Stufen in der Welt der Wahrheit, d.h. in der kommenden Welt, nach der Höhe der Taten bemessen sind und dass man nur dann über seinen Mitmenschen erhoben wird, wenn seine Taten größer sind als die seines Mitmenschen; wer aber wenige Taten hat, wird der Niedrigere sein.

Wenn das so ist, wie könnte dann ein Mensch sein Auge vor seinen Taten verbergen oder in seinem Streben nachlassen, dies zu erreichen? Denn danach wird er gewiss leiden, wenn er nicht mehr korrigieren kann, was er verkehrt gemacht hat.

Es gibt einige Einfaltspinsel, die nur danach trachten, sich selbst zu entlasten. Sie antworten: "Warum sollten wir uns mit so viel Frömmigkeit und Abgrenzung abmühen?

Messilat Yesharim — Kapitel Vier

Reicht es nicht aus, dass wir nicht zu den Bösen gehören, die zum Gehinom verurteilt sind? Wir werden uns nicht anstrengen, nur um in die innersten Gemächer von Gan Eden zu gelangen. Wenn wir schon keinen großen Anteil haben, so haben wir doch wenigstens einen kleinen Anteil. Das ist genug für uns. Dafür werden wir das Joch unserer Last nicht weiter belasten."

Es gibt nur eine Frage, die wir diesen Menschen stellen wollen: Können sie es in dieser flüchtigen Welt so leicht ertragen, dass ein Gleichaltriger geehrt und über sie erhoben wird und über sie herrschen will? Oder schlimmer noch, wenn es sich um einen ihrer Diener oder einen der Bettler handelt, die in ihren Augen niedrig und verachtenswert sind. Würden sie nicht von Schmerz erfüllt sein und würde ihr Blut nicht in ihnen kochen? Gewiss, das könnten sie nicht!

Denn siehe, wir können mit unseren eigenen Augen sehen, dass die ganze Arbeit eines Menschen darin besteht, sich über jeden zu erheben, den er kann, und seinen Platz unter den Höhergestellten zu behaupten. Das ist die Eifersucht zwischen dem Menschen und seinem Nächsten. Denn wenn er sieht, dass sein Mitmensch erhöht wird, während er selbst niedrig bleibt, wird das, was er duldet, sicherlich nur das sein, was er zu dulden gezwungen ist, weil er es nicht verhindern kann, aber sein Herz wird in ihm verfaulen.

Wenn es also für sie so schwer ist, niedriger zu sein als ihre Mitmenschen, in Ebenen, die eingebildet und falsch sind, wo eine niedrigere Ebene nur eine oberflächliche Erscheinung ist, und jede Erhöhung nur Eitelkeit und Falschheit ist. Wie sollen sie es dann ertragen, sich niedriger zu sehen als dieselben Menschen, die jetzt ihre Untergebenen sind? Und dies steht an der Stelle des wahren Niveaus und des ewigen Wertes, den sie zwar jetzt noch nicht erkennen und dem sie daher keine große Bedeutung beimessen, aber zu gegebener Zeit werden sie ihn sicherlich als das begreifen, was er wirklich ist, zu ihrem Schmerz und ihrer Schande. Es besteht kein Zweifel, dass ihr Leiden dabei enorm und ewig sein wird.

Daher ist diese "Toleranz", die sie sich aneignen, um die Strenge des Dienstes für sich selbst zu mildern, nur eine Täuschung, die ihre böse Neigung anwendet, um sie anzustacheln, und die keinerlei Grundlage in der Wahrheit hat.

Da sie aber nicht nach der Wahrheit suchen, sondern bereitwillig ihren Irrtum fortsetzen, wird diese Aufstachelung sie nicht eher verlassen, als bis sie nichts mehr nützen wird. Denn es wird nicht in ihrer Macht stehen, das wiedergutzumachen, was sie ruiniert haben. Das ist es, worauf König Shlomo, Friede sei mit ihm, hingewiesen hat: "Was immer deine Hand mit deiner Kraft zu tun vermag, das tue, denn es gibt keine Tat, keine Rechenschaft, kein Wissen und keine Weisheit [im Sche'ol (Grab), wohin du gehst]" (Pred 9,10).

Die Erklärung lautet: Was der Mensch tun kann, solange der Schöpfer ihm die Macht in die Hand gibt, nämlich die Macht des freien Willens, die ihm alle Tage seines Lebens gewährt wird, mit der er wählt und die ihm befohlen wird, siehe, das wird er im Grab und in der Grube nicht mehr tun können. Denn diese Macht [des freien Willens] wird nicht mehr in seinen Händen sein. Wer es also versäumt hat, zu Lebzeiten viele gute Taten zu tun, für den ist es unmöglich, sie nachher zu tun (da er nach dem Tod keinen freien Willen mehr hat). Und wer zu Lebzeiten keine Rechenschaft über seine Taten abgelegt hat, wird dann keine Gelegenheit mehr haben, dies zu tun. Und wer in dieser Welt nicht weise geworden ist, wird auch im Grab nicht weise werden. Dies ist der Sinn von: "Denn es gibt weder Tat noch Rechenschaft noch Wissen im Sche'ol, wohin du gehst" (Pred. 9:10).

Aber die breite Masse wird durch die Frage der Belohnung und Bestrafung zur "Wachsamkeit" geweckt werden, wenn sie das Ausmaß des tiefen Gerichts darüber erkennt. In Wahrheit ist es angebracht, ständig zu zittern und sich zu fürchten, denn wer wird am Tag des Gerichts bestehen? Wer wird vor seinem Schöpfer als gerecht befunden werden, dessen Blick alles prüft, das Große und das Kleine.

Ebenso sagten unsere Weisen seligen Andenkens über den Vers: "Wer dem Menschen seine Rede verrät" (Amos 4:13) - "selbst das beiläufige Gespräch zwischen einem Mann und seiner Frau wird dem Menschen zur Zeit des Gerichts angelastet" (Chagiga 5b).

Und zu "es ist sehr stürmisch um Ihn herum" (Ps. 50:3) - "dies lehrt, dass der Heilige, gepriesen sei Er, das Urteil über Seine Frommen bis auf eine Haaresbreite prüft" (Yevamos 121a).

Avraham, der von seinem Schöpfer so sehr geliebt wurde, dass die Schrift von ihm bezeugt: "Avraham, Mein Geliebter" (Jesaja 41,8). Dennoch entging er nicht der Verurteilung wegen unbedeutender Worte, mit denen er nicht sorgfältig umging, nämlich weil er nur sagte:

"Womit will ich das wissen?" (Gen 15,8), antwortete G-tt ihm: "An deinem Leben wirst du erkennen, dass deine Nachkommen Fremde [in Ägypten] sein werden" (Nedarim 32a). Und in ähnlicher Weise antwortete ihm der Heilige, gepriesen sei Er, weil er einen Bund mit Abimelech schloss, ohne von G-tt dazu aufgefordert worden zu sein: "Bei deinem Leben werde ich die Freude deiner Söhne um sieben Generationen verzögern" (Gen. Raba 54:5).

Yaakov, weil er Rahel wütend antwortete, als sie zu ihm sagte: "Gebt mir Kinder", berichtet der Midrasch (Genesis Raba 71:10): "Der Heilige, gepriesen sei Er, sagte zu ihm: 'Antwortet man so einer verzweifelten Person? Bei deinem Leben, deine Söhne werden vor ihrem Sohn stehen".

Und weil er seine Tochter Dina in einer Kiste versteckt hat, damit sein Bruder Esav sie nicht zur Frau nimmt, obwohl seine Absicht sicherlich gut war, aber dennoch, weil er seinem Bruder lediglich Güte vorenthalten hat, berichtet der Midrasch: "Der Heilige, gepriesen sei Er, sagte zu ihm: 'Derjenige, der seinem Mitmenschen Freundlichkeit vorenthält.' (Hiob 6:14). Du hast nicht versucht, sie mit einem Beschnittenen zu verheiraten? Siehe, sie wird mit einem Unbeschnittenen verheiratet werden. Du hast nicht versucht, sie auf erlaubte Weise zu verheiraten? Sie wird auf eine verbotene Weise verheiratet werden".

Yosef, weil er zu dem Trankoffizier [des Pharao] sagte: "Aber denk an mich, wenn es dir gut geht [und sei freundlich zu mir und erwähne mich vor dem Pharao]." (Gen 40:14), wurde seine Strafe [im Gefängnis] um 2

Messilat Yesharim — Kapitel Vier

Jahre erhöht, wie der Midrasch berichtet (Genesis Raba 89b). Und Yosef selbst, weil er seinen Vater ohne G-tt's Erlaubnis einbalsamiert hatte, so die eine Ansicht, oder weil er die Worte hörte: "dein Knecht, unser Vater [Yaakov]" (Gen.43:28) hörte und schwieg, nach einer anderen Ansicht, starb er vor allen seinen Brüdern (Gen.Raba 100:4).

David, weil er die Worte der Tora als "Lieder" bezeichnete, wurde durch das Unglück von Uza bestraft und seine Freude wurde gedämpft (Sotah 35a).

Michal, weil sie David tadelte, weil er draußen vor der Lade tanzte, wurde damit bestraft, dass sie zu Lebzeiten keine Kinder bekam und bei der Geburt starb (Shmuel II 6:20).

Hiskijahu, weil er den Ministern des Königs von Babylonien das Schatzhaus zeigte, wurde angeordnet, dass seine Söhne kastrierte Diener (Eunuchen) im Palast des Königs von Babylonien sein sollten (Könige II 20:13).

Es gibt noch viele weitere Beispiele dieser Art.

Im Kapitel "Alle sind haftbar" (Chagiga 5a): "Wenn Rabbi Jochanan zu diesem Vers kam, weinte er - 'Ich werde zu euch kommen, um zu richten, und ich werde ein schneller Zeuge sein...' (Maleachi 3:5) - ein Diener, dessen geringfügige Vergehen genauso gewogen werden wie große Vergehen, gibt es da ein Heilmittel für ihn?

Sicherlich geht es nicht darum, dass die Strafe für beide gleich ist, denn der Heilige, gepriesen sei Er, vergilt nur Maß für Maß. Vielmehr werden bei der Abwägung der

Taten die kleinen Taten genauso auf die Waage gelegt wie die schweren. Denn die schwerwiegenden lassen die geringfügigen nicht in Vergessenheit geraten, und der Richter wird diese keineswegs übersehen, wie er auch die schwerwiegenden nicht übersehen wird.

Vielmehr wird er über sie alle gleichmäßig präsidieren und prüfen, jedes einzelne beurteilen und danach die Strafe über jedes einzelne verhängen, je nachdem, was es ist. Dies ist es, was Shlomo sagte: "Denn G-tt wird jede Tat ins Gericht bringen, [mit jeder verborgenen Sache, ob sie gut oder böse ist]" (Kohelet 12,14). Denn so wie der Heilige, gepriesen sei Er, keine gute Tat unbelohnt lässt, so klein sie auch sein mag, so lässt Er auch keine schlechte Tat ungerichtet und ungestraft, so klein sie auch sein mag.

Dies soll die Herzen derer aufrütteln, die sich dazu verleiten lassen wollen, zu glauben, dass der Herr, gepriesen sei Er, die kleinsten Taten nicht in sein Urteil einbezieht und keine Rechenschaft über sie ablegt. Vielmehr gilt der allgemeine Grundsatz: "Wer sagt, dass der Heilige, gepriesen sei Er, Dinge übersieht, dem wird sein Leben übersehen" (Bava Kama 50a). Gleichermaßen sagten sie: "Wenn die böse Neigung zu dir sagt: 'Sündige und der Heilige, gepriesen sei Er, wird dir vergeben' - höre nicht auf ihn" (Chagiga 16a).

All dies ist offensichtlich und klar, denn G-tt ist ein G-tt der Wahrheit, wie Mosche Rabeinu, Friede sei mit ihm, sagte: "Der Fels, Sein Werk ist vollkommen; denn alle Seine Wege sind gerecht: Ein G-tt der Treue und ohne Unrecht, gerecht und recht ist Er" (Dtn 32,4). Da der Heilige, gepriesen sei Er, nach Gerechtigkeit strebt, wäre es ebenso ungerecht, das Schlechte zu ignorieren wie das Gute. Wenn es also Gerechtigkeit ist, die Er will, dann muss Er jeden Menschen nach seinen Wegen und nach den Früchten seiner Taten mit absoluter Genauigkeit bezahlen, sei es für Gutes oder für Böses. Ein G-tt der Treue und ohne Ungerechtigkeit, gerecht und recht ist Er" (Dtn 32,4), was unsere Weisen seligen Andenkens [die doppelten Begriffe] erklärten: "zu den Gerechten und zu den Bösen" (Taanis 11a). Denn das ist die Eigenschaft [der Gerechtigkeit]. Er urteilt über jede Sache. Er bestraft jede Sünde. Und es gibt kein Entrinnen.

Wenn du fragst: Wenn ja, wozu gibt es dann G-tt's Attribut der Barmherzigkeit, wenn Er absolut akribisch sein muss, um jede Sache zu beurteilen? Die Antwort: Die Eigenschaft der Barmherzigkeit ist gewiss der Grundpfeiler der Welt. Denn sie könnte ohne sie überhaupt nicht bestehen. Aber dennoch wird G-tt's Eigenschaft der Gerechtigkeit nicht negiert. Denn nach strenger Gerechtigkeit wäre es angemessen, dass:

- der Sünder für seine Sünde sofort und ohne jeglichen Aufschub bestraft wird.

- dass die Strafe selbst zornig ist, wie es sich für jemanden gehört, der sich gegen das Wort des Schöpfers, gepriesen sei Sein Name, auflehnt.

- dass es keinerlei Wiedergutmachung für die Sünde geben kann.

Denn wie kann ein Mensch das wiedergutmachen, was er krumm gemacht hat, nachdem er die Sünde begangen hat? Wenn jemand seinen Nächsten ermordet oder

Messilat Yesharim — Kapitel Vier

Ehebruch begeht? Wie kann er das wiedergutmachen? Kann er eine bereits begangene Tat ungeschehen machen?

Aber das Attribut der Barmherzigkeit kehrt die drei vorgenannten Dinge um.

- Sie gewährt, dass dem Sünder Zeit gegeben wird und er nicht sofort nach der Sünde von der Erde getilgt wird.

- dass die Strafe selbst ihn nicht völlig vernichtet.

- dass den Sündern die Möglichkeit zur Reue als eine vollständige Güte gewährt wird, so dass die Entwurzelung des Willens als Entwurzelung der Tat gilt.

Wenn also der reuige Mensch seine Sünde erkennt und zugibt und über sein Übel nachdenkt, bereut er sie und bereut vollkommen, sie jemals getan zu haben, so wie er es bereuen würde, wenn er ein Gelübde auflöst, was eine vollkommene Reue ist, und er wünscht und sehnt sich danach, dass diese Tat niemals begangen worden wäre, und schmerzt sehr, dass die Sache geschehen ist, und schwört ihr für die Zukunft ab und flieht vor ihr - dann wird ihm die Entwurzelung der Tat aus seinem Willen als die Aufhebung eines Gelübdes angerechnet, und er erlangt Sühne dafür. Wie die Schrift sagt: "Deine Schuld ist weg und deine Sünde gesühnt" (Jesaja 6,7) - dass die Sünde tatsächlich aus der Existenz entfernt und entwurzelt wird, indem er sich schmerzt und in der Gegenwart bereut, was er in der Vergangenheit getan hat.

Das ist sicherlich eine Wohltat, denn es entspricht nicht dem Buchstaben der Gerechtigkeit. Aber dennoch negiert es das Attribut der Gerechtigkeit nicht völlig, denn es gibt Möglichkeiten, es als Gerechtigkeit zu betrachten.

- Denn an die Stelle des Willens, in die Sünde einzuwilligen, und des Vergnügens, das sie bereitete, treten nun Reue und Schmerz.

- Ihm Zeit zu geben, bedeutet nicht, die Sünde zu übersehen, sondern vielmehr eine kleine Geduld, um ihm eine Möglichkeit zur Wiedergutmachung zu eröffnen.

- Das Gleiche gilt für alle Arten von Freundlichkeit, wie "ein Sohn bringt dem Vater Verdienst" (Sanhedrin 104a) oder "ein Teil eines Lebens wie ein ganzes Leben" (Kohelet Raba 7:25), die von den Weisen erwähnt werden und die Aspekte der Freundlichkeit sind, um einen kleinen Betrag als einen großen Betrag zu betrachten. Aber diese stehen nicht wirklich im Widerspruch zu dem Attribut der Gerechtigkeit. Denn es gibt bereits einen guten Grund, sie [als Gerechtigkeit] zu betrachten.

Aber Sünden ohne jeden Grund durchgehen zu lassen oder sie zu ignorieren - das wäre völlig gegen die Gerechtigkeit. Denn dies würde keine wahrheitsgemäße Gerechtigkeit in der Sache darstellen. Daher ist es unmöglich, dass sie überhaupt gefunden werden kann. Wenn also nicht einer der oben genannten Wege gefunden wird, um dem Sünder zu entkommen, wird das Attribut der Gerechtigkeit sicherlich nicht leer bleiben. Ebenso sagten unsere Weisen seligen Andenkens: "Er hält den Zorn zurück, aber er sammelt, was ihm gehört" (Bereishis Raba 67:4).

Wir stellen also fest, dass ein Mensch, der seine Augen

öffnen will, keine gültige Verlockung hat, die ihn daran hindert, seine Taten mit äußerster Wachsamkeit zu beobachten und sie mit äußerster Sorgfalt zu prüfen. In der Tat, all diese Untersuchungen, die, wenn man sie in Betracht zieht, sicherlich den Charakterzug der Wachsamkeit erlangen, wenn er ein gewissenhafter Mensch (baal nefesh) ist.

Messilat Yesharim

Kapitel Fünf

Hindernisse der Wachsamkeit

Es gibt drei Faktoren, die dazu führen, dass man die "Wachsamkeit" verliert und sich von ihr entfernt.

Der erste ist die Verwicklung und Beschäftigung mit weltlichen Angelegenheiten. Der zweite ist Lachen und Leichtsinn. Der dritte ist schlechte Gesellschaft. Wir werden jeden dieser Punkte nacheinander besprechen.

Was die weltliche Verstrickung und Beschäftigung angeht, so haben wir bereits früher darüber gesprochen. Denn während ein Mensch mit seinen weltlichen Angelegenheiten beschäftigt ist, sind seine Gedanken durch die Ketten der Last, die auf ihnen lastet, gefesselt, und es ist ihm unmöglich, an seine Taten zu denken.

In Anbetracht dessen haben unsere Weisen, Friede sei mit ihnen, gesagt: "Verringert eure weltlichen Beschäftigungen und beschäftigt euch mit der Tora" (Avot 4:12).

Sich zu beschäftigen, um seinen Lebensunterhalt zu verdienen, ist in der Tat notwendig, aber es ist nicht notwendig, sich so sehr zu beschäftigen, dass kein Raum für den Dienst [an G-tt] bleibt. Deshalb wurde uns

befohlen, Zeiten für das Torastudium festzulegen.

Messilat Yesharim — Kapitel Fünf

Wir haben bereits darauf hingewiesen, dass dies das Wesentlichste von allem ist, um Wachsamkeit zu erlangen, wie die Beraitha von Rabbi Pinchas ben Yair sagt: "Die Tora führt zur Wachsamkeit". Ohne Tora wird man sie überhaupt nicht erreichen. Das ist es, was unsere Weisen sagten: "Ein Unwissender kann nicht fromm sein" (Avot 2:6).

Denn der Schöpfer, gepriesen sei Er, der die böse Neigung geschaffen hat, hat auch die Tora als ihr Gegenmittel geschaffen, wie unsere Weisen seligen Andenkens erklärt haben: "Ich habe die böse Neigung geschaffen, und ich habe die Tora als ihr Gegenmittel geschaffen" (Kiduschin 30b).

Siehe, es ist offensichtlich, dass, wenn der Schöpfer für dieses Leiden nur dieses Heilmittel geschaffen hat, es für einen Menschen unter keinen Umständen möglich ist, sich von diesem Leiden zu heilen, ohne diese Behandlung anzuwenden. Wer glaubt, sich ohne Torastudium retten zu können, der irrt sich und wird seinen Irrtum erst am Ende erkennen, wenn er in Sünde stirbt.

Denn in Wahrheit ist die böse Neigung auf den Menschen äußerst mächtig. Ohne das Wissen des Menschen schreitet sie voran, wird stärker und beherrscht ihn. Selbst wenn er alle möglichen Strategien in der Welt anwendet, aber nicht das Medikament einnimmt, das dafür geschaffen wurde, nämlich die Tora, wie ich geschrieben habe, wird er die Verschlimmerung seiner Krankheit weder erkennen noch spüren, bis er in Sünde stirbt und seine Seele verloren geht.

Womit kann man dies vergleichen? Mit dem Fall eines

kranken Menschen, der die Ärzte konsultiert. Sie erkannten seine Krankheit und verschrieben ihm ein heilendes Medikament. Aber er, der keine Ahnung von Medizin hat, ignoriert ihre Medikamente und nimmt stattdessen die Medizin, die ihm einfällt. Wird dieser Kranke nicht sicher sterben?

So auch in unserem Fall, denn niemand erkennt die Krankheit der bösen Neigung und ihre Kräfte außer dem Schöpfer, der sie geschaffen hat. Und Er selbst hat uns gewarnt, dass das einzige Heilmittel für sie die Tora ist. Wer wird sie also aufgeben, stattdessen etwas anderes nehmen und erwarten zu leben. Gewiss, die Finsternis des Physischen wird sich Stufe für Stufe über ihn erheben, ohne dass er es merkt, bis er sich in das Böse versenkt und so weit von der Wahrheit entfernt findet, dass nicht einmal der Gedanke, [die Wahrheit] zu suchen, in sein Herz dringt.

Wenn er sich aber in der Tora abmüht, wenn er ihre Wege, Gebote und Warnungen sieht, siehe, dann wird schließlich von selbst eine Erneuerung in ihm erwachen, die ihn auf den guten Weg bringt. Das ist es, was unsere Weisen seligen Andenkens sagten: "Wäre es doch so, dass sie Mich verlassen, aber Meine Thora halten, denn das Licht darin würde sie zum Guten zurückführen" (Eicha Raba 2).

Dazu gehört auch, wie ich bereits erwähnt habe, tägliche Zeiten für die Abrechnung der Taten und ihre Korrektur festzulegen.

Außerdem sollte er, wenn er weise ist, die freie Zeit, dieer von seinen Angelegenheiten übrig hat, nicht verschwenden. Vielmehr sollte er sie sofort ergreifen und nicht nachlässig sein und sie nutzen, um in den Angelegenheiten seiner Seele zu arbeiten und seinen Dienst für G-tt zu verbessern.

Obwohl dieser schädliche Faktor, den wir besprochen haben, der am weitesten verbreitete ist, ist es doch der einfachste, ihm zu entkommen, für den, der ihm entkommen will.

Der zweite schädliche Faktor, Lachen und Leichtsinn, ist sehr schwerwiegend. Denn wer darin versunken ist, ist wie einer, der im großen Meer versunken ist, aus dem es äußerst schwierig ist, zu entkommen. Denn siehe, das Lachen zerstört das Herz eines Menschen, bis Vernunft und Wissen nicht mehr in ihm herrschen. Er wird wie ein Trunkenbold oder ein Verrückter, wobei es unmöglich ist, ihnen Ratschläge zu erteilen oder sie zu führen, denn sie sind unfähig, irgendeine Richtung anzunehmen.

Dies wurde von König Shlomo, Friede sei mit ihm, gesagt: "Ich habe gesagt: Lachen ist Wahnsinn, und Fröhlichkeit, was nützt sie?" (Prediger 2:2). Und die Weisen, gesegneten Andenkens, sagten: "Lachen und Leichtsinn gewöhnen den Menschen an unerlaubte Beziehungen" (Avot 3,13). Denn obwohl jeder gläubige Mensch sexuelle Unmoral als schwerwiegend empfindet und sein Herz sich fürchtet, sich ihr zu nähern, weil er sich ein lebhaftes Bild von der Ungeheuerlichkeit der Sünde und der schweren Strafe, die sie nach sich zieht, eingeprägt hat, so ziehen ihn doch das Lachen und der Leichtsinn nach und nach weiter und bringen ihn näher, bis die Furcht vor der Sünde ihn nach und nach, Grad für

Grad, verlässt, bis er die Sünde selbst erreicht und sie begeht.

Warum ist das so? Weil, so wie das Wesen der "Wachsamkeit" darin besteht, sich Dinge in den Kopf zu setzen, so besteht das Wesen des Lachens darin, das klare, rationale Denken aus dem Verstand zu entfernen, so dass Gedanken an die Furcht vor G-tt überhaupt nicht in sein Herz eindringen.

Bedenken Sie die Schwere des Leichtsinns und seine zerstörerische Kraft. Denn so wie ein mit Öl beschmierter Schild Pfeile von ihm ablenkt und abfallen lässt, so dass sie zu Boden fallen und den Körper des Mannes nicht erreichen können, so ist auch die Leichtfertigkeit vor Tadel und Zurechtweisung. Denn mit einem Akt des Leichtsinns oder eines kleinen Lachens vertreibt der Mensch viele Erregungen und Eindrücke von sich, die das Herz durch die Erregung beim Sehen oder Hören von Dingen empfunden hat, die ihn zur Abrechnung und Prüfung seiner Taten erweckten.

Die Kraft des Leichtsinns wirft alles zu Boden und hinterlässt bei ihm keinerlei Eindruck. Das liegt nicht an der Unwirksamkeit der Dinge oder an mangelndem Verständnis seinerseits, sondern an der Kraft des Leichtsinns, die alle Dinge des Mussar (Ethik) und der Furcht vor G-tt zunichte macht.

Siehe, der Prophet Jesaja würde "schreien wie ein Kranich", denn er sah, dass dies der Grund dafür war, dass seine Zurechtweisungen keinen Eindruck machen konnten und so jede Hoffnung für die Sünder zunichte machten. Er sagte Folgendes: "Und nun spottet nicht, damit eure Bedrängnis nicht noch größer wird" (Jesaja 28,22).

Und unsere Weisen seligen Andenkens haben bereits verkündet: "Wer sich dem Leichtsinn hingibt, bringt Leid über sich" (Avodah Zara 18b). Und die Heilige Schrift sagt ausdrücklich: "Für die Leichtsinnigen sind Gerichte vorbereitet" (Spr 19:29). Das ist ein Gebot der Vernunft. Denn wer durch Nachdenken und Studieren erweckt wird, braucht keine körperlichen Leiden zu erdulden, denn er wird auch ohne diese seine Sünden bereuen. Er tut Buße durch Gedanken der Reue, die in seinem Herzen erwachen, angeregt durch das Lesen oder Hören der Ermahnungen und Zurechtweisungen.

Aber die Leichtsinnigen werden von den Zurechtweisungen aufgrund der Kraft des Leichtsinns nicht beeinflusst. Daher gibt es keine Möglichkeit, sie zu korrigieren, außer durch Leiden. Denn sie sind nicht in der Lage, die Auswirkungen des Leidens durch die Kraft der Leichtfertigkeit abzulenken, wie sie es mit den Zurechtweisungen tun.

Je nach Schwere der Sünde und ihrer Folgen erhöht der Wahre Richter die Strafe, wie unsere Weisen seligen Andenkens uns lehrten: "Leichtfertigkeit ist äußerst streng; sie beginnt mit Leiden und endet mit völliger Zerstörung, wie geschrieben steht (Jesaja 28:22): 'Und nun spottet nicht, damit eure Bande nicht gestärkt werden, denn ich habe ein Dekret der Zerstörung gehört...' " (Avodah Zara 18b).

Der dritte schädliche Faktor ist die [schlechte] Gesellschaft, nämlich die Gesellschaft von Narren und

Sündern. So heißt es in der Schrift: "Wer sich mit den Narren anfreundet, wird zerbrechen" (Spr 13:20). Wir können oft beobachten, dass ein Mensch, nachdem er die Wahrheit über seine Pflicht zum G-ttesdienst und seine Wachsamkeit in diesem Bereich erkannt hat, darin nachlässig wird oder bestimmte Gebote übertritt, damit seine Freunde ihn nicht verspotten oder um sich in ihrer Gesellschaft frei bewegen zu können.

Das ist die Absicht von Shlomos Warnung: "Mischt euch nicht unter die, die sich verändern" (Spr 24:21). Wenn ein Mann dir gegenüber behauptet: "Der Geist eines Menschen sollte immer mit seinen Mitmenschen verbunden sein" (Ketuvot 17a), dann antworte ihm: "Das bezieht sich auf Menschen, die sich wie Menschen verhalten. Nicht Menschen, die sich wie Tiere verhalten." Shlomo warnt weiter: "Geh weg vor einem törichten Menschen" (Spr 14,7). Und König David sagte: "Glücklich ist der Mann, der nicht im Rat der Bösen wandelt und nicht auf dem Weg der Sünder steht und nicht auf dem Sitz der Spötter sitzt" (Ps. 1:1). Unsere Weisen erklärten dies: "Wenn er geht, wird er schließlich stehen. Wenn er steht, wird er schließlich sitzen" (Avodah Zara 18b). Und: "Ich saß nicht mit Menschen der Falschheit, noch ging ich mit Heuchlern. Ich habe die Versammlung der Übeltäter gehasst und will nicht bei den Gottlosen sitzen" (Ps. 26,4-5).

Der Mensch hat kein anderes Mittel, als sich zu läutern und zu reinigen und seine Füße von den Wegen der Massen fernzuhalten, die in den Eitelkeiten der Zeit versunken sind, und seine Füße auf die Höfe G-ttes und Seine Heiligtümer zu lenken. Das ist es, was David selbst abschließend sagt: "Ich will meine Hände in Reinheit waschen und um Deinen Altar gehen, G-tt" (Ps. 26,6).

Wenn er sich in der Gesellschaft derer wiederfindet, die ihn verhöhnen, soll er sich diesen Spott nicht zu Herzen nehmen. Im Gegenteil, er soll sich über sie lustig machen und sie beschämen. Wenn er die Möglichkeit hätte, viel Geld zu verdienen, würde er dann das, was er dafür tun müsste, aufgeben, weil die anderen ihn verspotten? Wie viel mehr würde er seine Seele nicht verlieren wollen, nur um sich selbst Spott zu ersparen.

Auf diese Weise haben uns die Weisen seligen Andenkens gewarnt: "Sei unverzagt wie ein Leopard ... um den Willen deines Vaters im Himmel zu tun" (Avot 5:20). Und David sagte: "Ich will von deinen Zeugnissen vor Königen reden und mich nicht schämen" (Ps. 119:46).

Obwohl die meisten Könige sich mit großen Errungenschaften und Vergnügungen beschäftigen und darüber sprechen, scheint es David, der auch ein König war, peinlich zu sein, in ihrer Gesellschaft Worte der Tora und der Ethik zu sprechen, anstatt wie sie große Taten und Vergnügungen zu vollbringen. Doch das war ihm völlig gleichgültig. Sein Herz wurde nicht von diesen Eitelkeiten angelockt, nachdem er bereits die Wahrheit erlangt hatte. Vielmehr sagt er ausdrücklich: "Ich will von deinen Zeugnissen reden vor Königen und mich nicht schämen". Ebenso sagt Jesaja: "Ich habe mein Angesicht aufgerichtet wie einen Feuerstein, und ich weiß, dass ich mich nicht schämen werde" (Jesaja 50,7).

Messilat Yesharim

Kapitel Sechs

Der Charakterzug des Eifers

Nach "Wachsamkeit" kommt "Eifer". Denn "Wachsamkeit" bezieht sich auf die negativen Mitzvot, während "Eifer" auf die positiven Mitzvot zielt. Es steht geschrieben: "Wendet euch vom Bösen ab und tut das Gute" (Ps. 34:15).

Die Sache mit dem "Eifer" ist klar. Es geht um die frühe Beschäftigung mit den Mitzvot und deren Vollendung, wie die Weisen seligen Andenkens sagten: "Die Eifrigen sind früh dabei, die Mitzvot zu verrichten" (Pesachim 4a).

Denn so wie es großer Intelligenz und viel Voraussicht bedarf, um sich vor den Schlingen der bösen Neigung zu bewahren und dem Bösen zu entkommen, damit es nicht über uns herrscht und sich in unsere Taten mischt, so bedarf es auch großer Klugheit und Voraussicht, um die Mitzvot zu erfassen, sie zu erwerben und sie nicht zu verlieren.

Denn so wie die böse Neigung mit ihren Strategien versucht, den Menschen in die Netze der Sünde zu stürzen, so versucht sie auch, ihn daran zu hindern, Mitzvot zu verrichten und ihn ohne sie zu lassen.

Wenn der Mensch schwach und träge wird und sich nicht

stärkt, um ihnen nachzugehen und sie festzuhalten, wird er gewiss erschüttert und leer bleiben.

Du kannst beobachten, dass die Natur des Menschen sehr schwer auf ihm lastet. Denn das Irdische des Körperlichen ist grob. Deshalb will der Mensch sich nicht anstrengen und arbeiten. Wer sich aber um den Dienst des Schöpfers verdient machen will, der muss sich gegen seine eigene Natur stärken, Kraft und Eifer aufbringen.

Wenn er sich seiner [natürlichen] Schwere überlässt, ist es sicher, dass er keinen Erfolg haben wird. Das ist es, was der Tana (Mischnaischer Weiser) sagte: "Sei mutig wie ein Leopard, leicht wie ein Adler, schnell wie ein Hirsch und stark wie ein Löwe, um den Willen deines Vaters im Himmel zu tun" (Avot 5:20). Ebenso zählten die Weisen zu den Dingen, die gestärkt werden müssen: "Tora und gute Taten" (Berachot 32b). Dies wird in der Schrift ausdrücklich festgestellt: "Sei stark und sehr mutig [um die ganze Tora zu beachten und zu tun]" (Jehoschua 1,6). Denn wer seine Natur in ihr Gegenteil verkehren will, braucht große Stärke.

Siehe, Shlomo mahnte dies immer wieder an, indem er das Übel der Faulheit und die Größe des daraus resultierenden Schadens sah. Er sagte: "Ein wenig Schlaf, ein wenig Schlummer, ein wenig Falten der Hände zum Ausruhen. Dann wird deine Armut wie ein Reisender kommen" (Mischlei 24:33). Denn siehe, auch wenn der faule Mensch nicht aktiv Böses tut, so bringt er doch gerade durch seine Untätigkeit Böses über sich.

Shlomo sagte weiter: "Auch derjenige, der in seiner Arbeit nachlässig ist, ist ein Bruder des Verderbers"

(Mischlei 18,9). Denn auch wenn diese Person kein Zerstörer ist, der direkt mit seinen eigenen Händen Böses tut, sollte man nicht denken, dass er weit davon entfernt ist, einer zu sein. Im Gegenteil, er ist der Bruder des Zerstörers und sein Genosse.

Er führte ein vertrautes, alltägliches Bild an, um das Übel zu erklären, das den faulen Menschen befällt: "Ich ging am Feld eines faulen Mannes vorbei und am Weinberg eines Mannes ohne Verstand; und siehe, er war ganz mit Dornen bewachsen, und Nesseln bedeckten sein Antlitz, und seine Steinmauer war zerbrochen; da beobachtete ich; ich legte mein Herz darauf; ich sah und empfing Mussar (Belehrung): Ein wenig Schlaf, ein wenig Schlummer, ein wenig Falten der Hände, um sich niederzulegen; so wird deine Armut kommen wie ein Reisender, und dein Mangel wie ein Mann mit einem Schild" (Mischlei 24:30-34).

Abgesehen von der einfachen Bedeutung, die im wörtlichen Sinne wahr ist, denn das ist in der Tat das, was mit dem Feld eines faulen Mannes geschieht, haben die Weisen seligen Andenkens es in einem Midrasch (Yalkut Mischlei 247:961) folgendermaßen schön erklärt:

"es war alles mit Dornen bewachsen" - bezieht sich auf jemanden, der die Auslegung eines Teils der Tora sucht und sie nicht findet.

"Nesseln hatten sein Antlitz bedeckt" - da er sich nicht ausreichend mit der Tora beschäftigt hat, setzt er sich vor Gericht und erklärt das Reine für unrein und das Unreine für rein und bricht damit den von den Tora-Weisen aufgestellten Zaun. Was ist seine Strafe? Shlomo hat es offenbart: "Wer einen Zaun durchbricht, wird von einer Schlange gebissen" (Kohelet 10:8).

Das heißt, das Übel, das den Faulpelz befällt, kommt nicht auf einmal. Vielmehr kommt es nach und nach. Ohne dass er es weiß oder spürt, wird er von einem Übel zum anderen gezogen, bis er im letzten Übel versunken ist.

Siehe, zuerst verringert er nur die Arbeit, die für ihn angemessen war. Das verleitet ihn dazu, die Tora nicht ausreichend zu studieren. Wenn er dann später studiert, fehlt ihm aufgrund des fehlenden Studiums das nötige Verständnis.

Wenn das Übel, das ihm widerfährt, hier enden würde, wäre sein Unglück bereits groß. Aber es geht noch weiter, denn in seinem Bestreben, wenigstens den betreffenden Abschnitt oder das Kapitel zu erklären, verdreht er Gründe, die nicht mit der Halacha übereinstimmen, zerstört die Wahrheit und verdreht sie, bis er die Gebote übertritt und die Zäune bricht.

Sein Ende ist die Zerstörung wie bei allen, die Zäune brechen. Shlomo fährt fort: "Ich dachte über diese Sache nach und erkannte das große Übel, das darin steckt, denn es ist wie ein Gift, das schleichend wirkt und sich nach und nach ausbreitet. Seine Wirkung wird nicht bemerkt, bis der Tod kommt. Das ist die Bedeutung von: "Ein wenig Schlaf ... so wird dein Elend schnell kommen wie ein Reisender, usw."

Wir können mit eigenen Augen beobachten, wie oft ein Mensch seine Pflicht in dieser Welt erkennt und die

Messilat Yesharim — Kapitel Sechs

Wahrheit dessen begreift, was zur Rettung seiner Seele erforderlich ist und was seine Pflicht gegenüber seinem Schöpfer ist, aber trotzdem missachtet er sie. Diese Vernachlässigung ist nicht auf mangelnde Klarheit dieser Pflicht zurückzuführen, noch auf irgendeine andere Ursache, sondern auf die Schwere der Trägheit, die ihn überwältigt.

So sagt er: "Ich werde ein wenig essen", oder "ich werde ein wenig schlafen", oder "es fällt mir schwer, mein Haus zu verlassen". "Ich habe meinen Mantel ausgezogen, wie soll ich ihn wieder anziehen". "Es ist sehr heiß draußen". "Es ist sehr kalt" oder "es regnet" und all die anderen Arten von Ausreden und Rationalisierungen, die der Mund eines faulen Menschen so hergibt. So oder so, in der Zwischenzeit wird die Tora aufgegeben, der Dienst für G-tt ist müßig, und der Mensch verlässt seinen Schöpfer. Dies ist, was Shlomo sagte: "Durch Faulheit verfällt die Decke, und durch das Senken der Hände wird das Haus undicht" (Kohelet 10:18).

Fragt man den Faulpelz [nach einer Erklärung für sein Verhalten], so wird er mit zahlreichen Zitaten der Weisen, Versen aus der Heiligen Schrift und logischen Argumenten konfrontiert, die ihn in seinem verzerrten Denken anweisen, mit sich selbst Nachsicht zu üben und sich in die Ruhe seiner Faulheit zu begeben.

Aber er übersieht, dass all diese Argumente und Gründe nicht aus einem ausgewogenen Denken stammen, sondern vielmehr der Quelle der Faulheit entspringen, die, je stärker sie ihn beherrscht, seine Ansichten und seinen Verstand zu diesen Argumenten hinlenkt. Daher hört er nicht auf die Stimme der Weisen und der Männer mit gesundem Urteilsvermögen. Das ist es, was Shlomo ausruft: "Der Faule ist in seinen eigenen Augen weiser als sieben Männer, die vernünftig antworten" (Mischlei 26:16).

Denn die Faulheit erlaubt ihm nicht einmal, sich um die Worte derer zu kümmern, die ihn zurechtweisen. Vielmehr wird er sie alle für irrend oder töricht halten, während er allein der Kluge ist.

Wisse, dass dies ein grundlegendes und durch Erfahrung erprobtes Prinzip in der Kunst der Trennung ist: Jede Nachsicht muss sorgfältig geprüft werden. Denn auch wenn es möglich ist, dass sie gerechtfertigt und richtig ist, so ist es doch wahrscheinlicher, dass es sich um den Rat der bösen Neigung und ihrer Täuschung handelt. Deshalb muss man ihn mit viel Analyse und Prüfung untersuchen. Wenn er nach all dem immer noch verdienstvoll ist, dann ist er sicherlich gut.

Die Zusammenfassung der Sache: Der Mensch muss sich selbst sehr stärken und mit Eifer die Mitzvot tun, indem er die Last der Faulheit, die ihn behindert, abwirft.

Die Engel wurden gepriesen, weil sie diese gute Eigenschaft besaßen, wie geschrieben steht: "Segne den Ewigen, seine Engel, die mächtig sind, die sein Wort erfüllen und auf die Stimme seines Wortes hören" (Tehilim 103:20); und "die Chayot rasen hin und her wie ein Blitz" (Yechezkel 1:14). Siehe, ein Mensch ist ein Mensch und kein Engel, daher ist es für ihn unmöglich, die Macht eines Engels zu erreichen, aber er sollte sich auf jeden Fall bemühen, alles zu tun, was er kann, um dieser Ebene so nahe wie möglich zu kommen. König

David pries (G-tt) für seinen Anteil und sagte: "Ich eile und zögere nicht, deine Gebote zu halten" (Tehilim 119:60).

Messilat Yesharim

Kapitel Sieben

Unterteilungen des Eifers

Es gibt zwei Unterteilungen von Eifer. Eine gilt vor dem Beginn einer Tat und die andere nach dem Beginn einer Tat.

Vor Beginn einer Tat: dass man nicht zulässt, dass eine Mitzwa aufgeschoben wird (lit. Chametz).

Vielmehr sollte man, wenn die Zeit ihrer Ausführung kommt, oder wenn sie sich einem zufällig bietet, oder wenn der Gedanke, sie auszuführen, in den Sinn kommt, sich beeilen, sie zu ergreifen und auszuführen, und keine Zeit dazwischen verstreichen lassen. Denn es gibt keine Gefahr wie diese. Denn siehe, jede neue Sekunde, die auftaucht, kann ein neues Hindernis für die gute Tat mit sich bringen.

Unsere Weisen seligen Andenkens haben uns die Wahrheit dieser Angelegenheit in Bezug auf die Krönung von Shlomo vor Augen geführt. David sagte zu Benijahu (in Melachim 1:33-36): "Bringt ihn hinunter zum Gihon". Benijahu antwortete: "Amen, möge G-tt das auch sagen".

Die Weisen lehrten dies (Midrasch Bereischis 76:2): "Rabbi Pinchas im Namen von Rabbi Jochanan von Tzipori: Wurde nicht schon gesagt: 'Siehe, dir wird ein

Sohn geboren werden, der ein Mann der Ruhe sein wird. [Und ich will ihm Frieden geben von allen seinen Feinden ringsum. Denn sein Name soll Shlomo sein]" (Divrei Hayamim 1-22:9)? [Antwort:] Vielmehr, weil viele Verfolger (Missgeschicke) von hier bis Gihon auftreten können.

Deshalb haben uns die Weisen seligen Andenkens ermahnt: "Und ihr sollt über die Matzot wachen" - wenn eine Mitzwa in eure Hand kommt, sollt ihr ihre Ausführung nicht verzögern (wörtlich: erlauben, dass sie zu Chametz wird)" (Mechilta Schemot 12:17).

Und sie sagten: "Ein Mensch sollte immer schnell sein, eine Mitzwa zu tun. Denn weil Lots ältere Tochter ihrer Schwester um eine Nacht voraus war, verdiente sie es, ihr um vier Generationen voraus zu sein" (Nasir 23b).

Und sie sagten: "Eifrige Menschen tun Mitzwot so früh wie möglich" (Pesachim 4a). Ebenso sagten sie: "Ein Mensch sollte immer laufen, um eine Mitzwa zu verrichten, sogar am Sabbat".

Und im Midrasch (Vayikra Rabba 11:9) über den Vers (Tehilim 48:15) "Er wird uns in der Jugend führen" - [erfüllt] mit Eifer wie junge Mädchen, wie es heißt: "inmitten von Jungfrauen, die Pauken spielen" (Tehilim 68:26) ["in der Jugend" und "junge Jungfrauen" sind im Hebräischen verwandte Wörter].

Denn die Eigenschaft des Eifers ist eine sehr hohe spirituelle Stufe des Schelemuts (der Vollkommenheit), die der Mensch aufgrund seiner Natur zum jetzigen Zeitpunkt nicht erreichen kann. Doch wer sich selbst stärkt und ihn so gut wie möglich ergreift, wird in der zukünftigen Welt den Verdienst haben, ihn wirklich zu erreichen. Der Schöpfer, gepriesen sei Sein Name, wird es ihm als Belohnung für sein Streben danach während der Zeit seines Dienstes schenken.

Die Aufteilung von Eifer "nach dem Beginn einer Tat" ist wie folgt. Da man eine Mitzwa ergriffen hat, sollte man sich beeilen, sie zu vollenden. Dies geschieht nicht, um sich selbst zu erleichtern, wie jemand, der eine Last von sich abwerfen will, sondern aus Angst, dass er es nicht verdient, sie zu vollenden.

Dazu haben uns unsere Weisen immer wieder ermahnt. Sie sagten: "Wer eine Mitzwa beginnt, sie aber nicht vollendet, begräbt seine Frau und seine Söhne" (Bereishis Raba 85:3).

Und sie sagten: "Eine Mitzwa wird nur demjenigen zugeschrieben, der sie vollendet hat" (ibid).

Und König Shlomo, Friede sei mit ihm, sagte: "Siehst du einen Mann, der schnell in seiner Arbeit ist? Er soll vor Königen stehen, aber nicht vor niedrigen Menschen" (Mischlei 22:29).

Die Weisen seligen Andenkens wendeten dieses Lob auf Shlomo selbst an, weil er sich mit dem Bau des Tempels beeilte und nicht faul war, ihn zu verzögern. Ebenso legten sie den Vers auf Mosche, Friede sei mit ihm, aus, weil er sich mit dem Bau des Mischkan (Stiftshütte) beeilte.

Ebenso werden Sie feststellen, dass alle Taten der Tzadikim (Gerechten) immer mit Eile ausgeführt werden.

Messilat Yesharim — Kapitel Sieben

Von Avraham steht geschrieben: "Und Abraham eilte in das Zelt zu Sara und sprach: Mache schnell drei Maß feines Mehl... Und er gab es dem Knaben, und er beeilte sich, es zuzubereiten" (Bereischis 18:6-7)

Von Rivka: "und sie eilte und leerte ihren Krug in den Trog..." (Bereischis 24:20).

Ebenso heißt es im Midrasch (über die Mutter von Schimschon): "'und die Frau beeilte sich und lief...' (Schoftim 13:10) (Midrasch:) dies soll lehren, dass alle Taten der Gerechten in Eile geschehen". Denn sie lassen keine Zeit verstreichen - weder bevor sie eine Mitzwa beginnen, noch wenn sie sie vollenden.

Ihr seht, dass ein Mensch, dessen Seele im Dienst seines Schöpfers brennt, gewiss nicht faul wird, die Mitzwa zu tun. Vielmehr werden seine Bewegungen wie die schnellen Bewegungen des Feuers sein. Denn er wird nicht ruhen noch still sein, bis er die Tat vollbracht hat.

Denke weiter darüber nach, dass, so wie ein innerer Eifer der Seele dazu führt, dass man mit Eifer handelt, so führt auch das Gegenteil, äußerlich mit Eifer zu handeln, zu einem inneren Eifer der Seele. Wenn man nämlich spürt, dass man eine Mitzwa mit großer Schnelligkeit ausführt, wird dies auch sein inneres Wesen in Flammen setzen, und das Verlangen und der Wunsch werden in ihm immer stärker werden. Handelt er aber in der Bewegung seiner Glieder träge, so wird auch die Bewegung seines Geistes erlahmen und erlöschen. Das ist etwas, was die Erfahrung bezeugen kann.

Ihr wisst bereits, dass das, was im Dienst G-ttes, möge

Messilat Yesharim   Kapitel Sieben

Sein Name gesegnet sein, am meisten gewünscht wird, das Verlangen des Herzens und die Sehnsucht der Seele ist. Diesbezüglich pries König David seinen Anteil mit den Worten: "Wie ein Hirsch sich nach den Wasserbächen sehnt, so sehnt sich meine Seele nach Dir, o G-tt; meine Seele dürstet nach G-tt..." (Tehilim 42:1-2), "Meine Seele sehnt sich und geht hinaus zu den Höfen G-ttes" (Tehilim 84:2). "Meine Seele dürstet nach Dir, mein Fleisch sehnt sich nach Dir [in einem trockenen und durstigen Land (Raschi-Wüste), ohne Wasser]" (Tehilim 63,2).

Aber für einen Menschen, in dem diese Sehnsucht nicht so brennt, wie sie sollte, ist es ein guter Rat, mit Eifer durch die Kraft des Willens zu handeln, damit dies eine innere Erweckung dieser Sehnsucht in seiner inneren Natur bewirkt. Denn die äußere Bewegung weckt die innere, und gewiß liegt die äußere Bewegung mehr in seiner Macht als die innere. Wenn er also das ausübt, was in seiner Macht steht, wird ihn das dazu bringen, auch das zu erreichen, was nicht in seiner Macht steht. Denn eine innere Freude wird in ihm erwachen und ein Verlangen und eine Sehnsucht durch die Kraft des feurigen Handelns, äußerlich, durch die Kraft des Willens. Das ist es, was der Prophet sagte: "Lasst uns wissen, lasst uns laufen, um den Ewigen zu erkennen" (Hos 6,3) und "Sie werden G-tt nachlaufen, der brüllen wird wie ein Löwe" (Hos 11,10).

Messilat Yesharim

Kapitel Acht

Eifer erlangen

Die Mittel, durch die man Eifer erwirbt, sind die gleichen, durch die man Wachsamkeit erwirbt, und ihre Stufen sind ebenfalls ähnlich, wie ich bereits schrieb.

Denn ihre Angelegenheiten sind sehr ähnlich. Es gibt keinen Unterschied zwischen ihnen, außer dass der Eifer den positiven Geboten gilt, während die Wachsamkeit den negativen Geboten gilt.

Wenn ein Mensch dazu kommt, den großen Wert der Mitzwot und die Größe seiner Verpflichtung darin als Wahrheit zu erkennen, wird sein Herz sicherlich für den Dienst G-ttes geweckt und er wird nicht nachlässig darin sein.

Was jedoch diese Erweckung noch verstärken kann, ist die Betrachtung der vielen Wohltaten, die der Heilige, gesegnet sei Er, mit dem Menschen in allen Augenblicken und Zeiten tut, und der großen Wunder, die G-tt für ihn vollbringt, von der Zeit seiner Geburt bis zu seinem letzten Tag. Denn je mehr man in diese Dinge hineinschaut und darüber nachdenkt, desto mehr wird man seine enorme Schuld gegenüber G-tt erkennen, der einem Gutes schenkt.

Messilat Yesharim — Kapitel Acht

Dieses Betrachten wird ihn dazu bringen, nicht faul oder nachlässig in Seinem Dienst zu werden. Denn da es für ihn unmöglich ist, G-tt, gepriesen sei Sein Name, für Seine Güte zu danken, wird er spüren, dass er zumindest Seinem Namen danken und Seine Gebote erfüllen kann.

In welchen Umständen man sich auch befinden mag, ob arm oder reich, gesund oder krank, es gibt keinen Menschen, der nicht Wunder und viele große Vorteile in seiner besonderen Situation sehen kann.

Denn der reiche und gesunde Mensch ist bereits G-tt, gepriesen sei Er, für seinen Reichtum und seine Gesundheit zu Dank verpflichtet.

Der arme Mensch ist G-tt verpflichtet, dass G-tt auch in seiner Armut durch Wunder für seinen Lebensunterhalt sorgt und ihn nicht verhungern lässt.

Der Kranke ist G-tt zu Dank verpflichtet, weil Er ihn in der Schwere seiner Krankheit oder seiner Verletzungen stärkt und ihn nicht ins Grab hinabsteigen lässt. Das Gleiche gilt für alle ähnlichen Zustände. Es gibt keinen einzigen Menschen, der seinem Schöpfer nicht zu Dank verpflichtet wäre.

Wenn er diese Wohltaten, die er von G-tt empfängt, betrachtet, wird er sicherlich dazu angeregt, eifrig in Seinem Dienst zu sein, wie ich bereits schrieb.

Umso mehr, wenn er darüber nachdenkt, dass alles Gute von G-ttes Hand abhängt und dass alle seine Bedürfnisse und Notwendigkeiten nur von G-tt allein kommen, gepriesen sei Sein Name, und von niemandem sonst.

Messilat Yesharim Kapitel Acht

Dann wird er sicherlich nicht faul werden, sich in Seinem g-ttlichen Dienst zu engagieren, so dass G-tt das, was für ihn wesentlich ist, nicht schmälert.

Seht, ihr könnt sehen, dass ich in meinen Worten die drei Stufen der Menschen, die ich in Bezug auf die Wachsamkeit unterteilt habe, denn ihre Angelegenheiten sind die gleichen und können von einander gelernt werden.

Diejenigen, die ein volles Verständnis haben, werden durch ihr Pflichtgefühl und durch den großen Wert und die Bedeutung der Taten zu Eifer angeregt.

Diejenigen mit geringerem Verstand - von den Dingen der kommenden Welt und der Ehre, damit sie am Tag der Belohnung keine Schande erleiden, wenn sie das Gute sehen, das sie hätten erreichen können, aber verloren haben.

Für die breite Masse - aus den Angelegenheiten dieser Welt und ihren Bedürfnissen, ähnlich dem, was ich dort erklärt habe.

Messilat Yesharim

Kapitel Neun

Unterteilungen des Eifers

Die Faktoren, die den Eifer vermindern, sind diejenigen, die die Faulheit verstärken. Der größte von ihnen ist das Streben nach körperlicher Ruhe, der Hass auf Anstrengung und die Liebe zu (körperlichen) Vergnügungen in ihrem vollen Ausmaß.

Denn siehe, für einen solchen Menschen wird der Dienst G-ttes sicherlich sehr schwer auf ihm lasten. Wer seine Mahlzeiten in aller Ruhe zu sich nehmen, ungestört schlafen, nur in seinem eigenen gemächlichen Tempo spazieren gehen oder ähnliches möchte, dem wird es zweifellos sehr schwer fallen, früh aufzustehen, um in die Synagoge zu gehen, oder seine Mahlzeit abzukürzen, um den Nachmittagsg-ttesdienst zu beten, oder auszugehen, um eine Mitzwa zu verrichten, wenn die Zeit ihm nicht passt. Wie viel mehr noch, sich zu beeilen, um eine Mitzwa zu verrichten oder Tora zu studieren.

Jemand, der sich an diese Praktiken gewöhnt hat, ist nicht Fürst über sich selbst, um das Gegenteil von diesen Dingen zu tun, wenn er es wünscht. Denn sein Wille ist bereits in dem Gefängnis der Gewohnheit gefangen, die ihm zur zweiten Natur geworden ist.

Der Mensch muss erkennen, dass er nicht zur Ruhe,

sondern zur Arbeit und Anstrengung in diese Welt gesetzt wurde. Er darf sich nur so verhalten wie die Arbeiter, die für ihre Arbeitgeber arbeiten, ähnlich dem, was gesagt wurde: "Wir sind Tagelöhner" (Eruvin 65a), und wie die Soldaten in ihren Kriegsformationen, die schnell essen und unregelmäßig schlafen, immer bereit, in den Kampf zu ziehen.

Dazu sagt die Schrift: "Der Mensch ist zur Arbeit geboren" (Ijow 5,7). Wenn ein Mensch sich auf diese Weise gewöhnt, wird ihm der Dienst für G-tt sicherlich leicht fallen, da es ihm nicht an Vorbereitung und Bereitschaft dafür fehlt. In diesem Sinne sagten unsere Weisen seligen Angedenkens: "Das ist der Weg der Tora: Iss Brot mit Salz, trinke Wasser in kleinen Mengen und schlafe auf dem Boden" (Avot 6:4), was eine allgemeine Aussage ist, sich bis zum äußersten von den Annehmlichkeiten und Vergnügungen zu entfernen.

Ein weiterer Faktor, der den Eifer mindert, ist die große Angst und die Sorge um die Zukunft, so dass man sich manchmal vor der Kälte oder der Hitze fürchtet. Andere Male vor Missgeschicken oder Krankheiten. Ein anderes Mal vor dem Wind und so weiter und so fort. Dies ist, was Shlomo, Friede sei mit ihm, sagte: "Der Faule sagt, es sei ein Löwe auf dem Weg; ein Löwe ist auf den Straßen." (Mishlei 26:13).

Schon die Weisen verunglimpften diese Eigenschaft und schrieben sie den Sündern zu, mit vielen Versen, die sie unterstützen, wie "die Sünder in Zion fürchten sich; Zittern hat die Schmeichler ergriffen." (Jesaja 33:14). Einer der großen Weisen bemerkte, dass sein Schüler

Messilat Yesharim — Kapitel Neun

Angst hatte, und sagte zu ihm: "Du bist ein Sünder" (Berachot 60a).

Dazu heißt es in der Schrift: "Vertraue auf G-tt und tue Gutes, bleibe im Lande und nähre dich vom Glauben" (Tehilim 37,3).

Die Zusammenfassung der Sache ist, dass ein Mensch sich in weltlichen Angelegenheiten nebensächlich machen muss, aber fest im Dienst G-ttes stehen muss, in allen weltlichen Angelegenheiten zufrieden und satt sein muss mit dem, was zu ihm kommt, das nehmen, was zur Hand ist, weit entfernt von Ruhe und nahe an der Arbeit und Anstrengung sein muss, wobei sein Herz sicher auf G-tt vertraut und sich nicht vor der Zukunft fürchtet und was auch immer sie an Missgeschicken bringen mag.

Vielleicht wirst du sagen: Siehe, wir sehen, dass die Weisen überall den Menschen verpflichtet haben, sich gut zu hüten und sich nicht in Gefahr zu begeben, auch wenn er ein rechtschaffener Mensch mit vielen Verdiensten ist. Zum Beispiel: "Alles ist in den Händen des Himmels, außer Erkältungen und Hitzeschlägen" (Ketubot 30a), und die Tora sagt: "Ihr sollt euch sehr sorgfältig hüten" (Devarim 4:15). Daher sollte man nicht in allen Situationen beschließen, "auf G-tt zu vertrauen", und im Talmud Yerushalmi (Berachot 3, siehe auch Chulin 142a) heißt es: "selbst wenn man eine Mitzwa verrichtet!".

Wisse, dass es Angst gibt und dass es Angst gibt. Es gibt berechtigte Angst und es gibt törichte Angst. Es gibt Vertrauen [in G-tt] und es gibt Leichtsinn.

Messilat Yesharim — Kapitel Neun

Der Herr, gepriesen sei Er, hat den Menschen mit gesundem Verstand und klarem Denken erschaffen, damit er sich selbst auf den richtigen Weg führt und sich vor schädlichen Dingen hütet, die geschaffen wurden, um die Bösen zu bestrafen.

Aber jemand, der sich nicht auf intelligente Weise leiten lassen will und sich Gefahren aussetzt - das ist kein Vertrauen in G-tt, sondern eher Torheit. Ein solcher Mensch sündigt, indem er gegen den Willen G-ttes handelt, der will, dass der Mensch sich selbst bewahrt.

Daher setzt er sich nicht nur der Gefahr aus, der er sich aussetzt, weil er sich nicht richtig schützt, sondern er zieht auch aktiv die Strafe für die Sünde auf sich, die er begeht. Es ist also die Sünde selbst, die die Strafe über ihn bringt.

Die Art von Furcht und Selbstbeherrschung, die angemessen ist, beruht auf der Führung durch Weisheit und Vernunft. Dazu heißt es in der Schrift: "Der Kluge sieht das Böse und entkommt, aber der Narr geht weiter und wird bestraft" (Mischlei 22,3).

Törichte Furcht liegt vor, wenn ein Mensch Schutz auf Schutz und Furcht auf Furcht setzen will, indem er Vorkehrungen für seine Vorkehrungen trifft, so dass dies zur Vernachlässigung des Torastudiums und des G-ttesdienstes führt.

Das allgemeine Prinzip zur Unterscheidung zwischen den beiden Arten von Angst ist, wie unsere Weisen sagten: "Wo ein Schaden wahrscheinlich ist, ist es anders" (Pesachim 8b).

Messilat Yesharim — Kapitel Neun

Denn an einem Ort, an dem Schaden wahrscheinlich und vorhersehbar ist, ist es angemessen, sich zu schützen. Aber an einem Ort, an dem es keine bekannte Gefahr gibt, sollte man sich nicht fürchten.

In ähnlicher Weise sagten die Weisen: "Wir nehmen keinen Fehler ohne Grund an" (Chulin 56b). Und "ein Richter braucht sich nur von dem leiten zu lassen, was seine Augen sehen" (Bava Batra 131a). Das ist auch die Absicht des Verses, den wir vorhin gebracht haben: "Der Kluge sieht das Böse und verbirgt sich" (Mischlei 22:3), der nur davon spricht, dass man vor dem Bösen flieht, das man sehen kann, nicht aber vor dem Bösen, das vielleicht, möglicherweise, eintreten kann.

Das ist genau wie der Vers, der zuvor gebracht wurde: "Der Faule sagt, es sei ein Löwe auf dem Weg" (Mischlei 26,13). Unsere Weisen, gesegneten Andenkens, veranschaulichten in verschiedenen Abstufungen, wie weit unbegründete Angst gehen kann, um einen Menschen dazu zu bringen, von guten Taten abzusehen. Sie sagten (Midrasch Devarim Raba 8:6):

Shlomo sagte sieben Dinge über den Faulpelz. Zur Veranschaulichung:

Sie sagten zu dem faulen Mann: "Dein Lehrer ist in der Stadt, geh und lerne Tora von ihm".

Er antwortet: "Ich habe Angst vor dem Löwen auf der Straße" [Mischlei 26:13].

"Dein Lehrer ist in der Nachbarschaft".

Er antwortet: "Ich habe Angst, er könnte zwischen den

Wegen sein" [ibid].

"Er ist in deinem Haus".

Er antwortet: "Wenn ich zu ihm gehe, könnte ich die Tür verschlossen vorfinden...", siehe dort.

Wir lernen hier, dass es nicht die Angst ist, die ihn zur Faulheit veranlasst, sondern eher das Gegenteil, die Faulheit verursacht die Angst.

Die alltägliche Erfahrung kann die Wahrheit dieser Dinge bezeugen, denn ein solches Verhalten ist offensichtlich und weit verbreitet unter der Masse der Menschen, "deren Wege Torheit sind" (Tehilim 49:13). Wer über dieses Thema nachdenkt, wird die absolute Wahrheit finden, und die Erkenntnis wird dem Verstehenden leicht fallen.

Wir haben die Frage des Eifers bereits in einem Maße geklärt, das meines Erachtens ausreicht, um das Herz des Menschen zu wecken. Der weise Mensch wird weiser werden und an Verständnis zunehmen.

Seht, dass es richtig ist, dass der Schritt des Eifers auf den Schritt der Wachsamkeit folgt. Denn im Allgemeinen wird ein Mensch nicht eifrig sein, wenn er nicht zuerst über seine Taten wacht. Jemand, der es sich nicht zu Herzen nimmt, in seinen Taten vorsichtig zu sein und den g-ttlichen Dienst und seine Prinzipien zu betrachten, was den Charakterzug der Wachsamkeit ausmacht, wie ich schrieb, wird es sehr schwer haben, Liebe und Sehnsucht für den Dienst G-ttes zu empfinden und mit Leidenschaft vor seinem Schöpfer eifrig zu sein.

Denn ein solcher Mensch ertrinkt noch in den

Messilat Yesharim Kapitel Neun

körperlichen Begierden und läuft im Schwung seiner Gewohnheit, die ihn von all dem entfernt. Aber nachdem er seine Augen geöffnet hat, um seine Taten zu sehen, auf sie zu achten, die Abrechnung mit den Mitzwot gegen die Sünden gemacht hat, die wir erwähnt haben, wird es ihm leicht fallen, sich vom Bösen abzuwenden und sich nach dem Guten zu sehnen und darin eifrig zu sein. Dies ist offensichtlich.

Messilat Yesharim

Kapitel Zehn

Die Eigenschaft der Sauberkeit

Das Merkmal der Reinheit besteht darin, dass ein Mensch von allen schlechten Eigenschaften und allen Sünden völlig rein ist. [Dies gilt nicht nur für Sünden, die bekannt und bewusst sind, sondern auch für solche, zu denen sich das Herz verleiten lässt, um sie für zulässig zu halten; doch wenn wir die Sache wahrheitsgemäß untersuchen, stellen wir fest, dass sie dem Betreffenden nur deshalb gerechtfertigt erschien, weil sein Herz von irgendeinem Verlangen geplagt und davon nicht völlig gereinigt war. Deshalb zog es ihn dazu, nachsichtig zu sein.

Aber der Mensch, der von diesem Leiden völlig gereinigt wurde und von allen Spuren des Bösen, die die Begierde hinterlässt, befreit ist, siehe, seine Sicht wird vollkommen klar sein und sein Urteilsvermögen wird rein sein. Er wird sich von keiner Begierde beeinflussen lassen. Er wird alles erkennen, was eine Sünde ist. Selbst bei der kleinsten Sünde wird er das Böse sehen und sich davon distanzieren. Darauf bezogen sich unsere Weisen in Bezug auf die Männer der Scheleimut (Ganzheit), die ihre Taten in einem solchen Ausmaß läuterten, dass nicht einmal ein Hauch des Bösen übrig blieb - "die reinen Männer Jerusalems" (Sanhedrin 23a).

Du kannst nun den Unterschied zwischen dem

Wachsamen und dem Reinen erkennen. Obwohl beide in ihren Angelegenheiten ähnlich sind, ist der Wachsame vorsichtig in seinen Taten und achtet darauf, dass er nicht sündigt, was er bereits weiß und was jedem bekannt ist, dass es eine Sünde ist.

Aber er ist noch nicht Herr über sich selbst, um sein Herz nicht von den natürlichen Begierden ziehen zu lassen, damit sie ihn nicht dazu verleiten, bestimmte Dinge für erlaubt zu halten, was die Dinge betrifft, deren Übel nicht so bekannt ist.

Denn auch wenn er sich bemüht, seine böse Neigung zu besiegen und seine Begierden zu unterdrücken, wird er dadurch seine Natur nicht ändern. Er wird nicht in der Lage sein, die körperliche Lust aus seinem Herzen zu entfernen. Er wird sie allenfalls unterdrücken und sich stattdessen von der Weisheit leiten lassen können. Aber dennoch wird die Dunkelheit des Körperlichen unweigerlich ihr Werk tun, um ihn zu verführen und zu verlocken.

Aber nachdem ein Mensch sich in großem Maße an die Wachsamkeit gewöhnt hat, bis er sich eine erste Reinigung von den bekannten Sünden verschafft hat und sich mit Eifer an den Dienst G-ttes gewöhnt hat, und die Liebe und Sehnsucht zu seinem Schöpfer in ihm stark geworden ist, siehe, dann wird die Kraft dieser Gewöhnung ihn von den körperlichen Dingen distanzieren und seinen Verstand an die geistige Vollkommenheit binden, und schließlich wird er fähig sein, vollkommene Reinheit zu erlangen. Das Feuer der körperlichen Begierde wird aus seinem Herzen erlöschen, weil sich die Sehnsucht nach G-tt in ihm verstärkt. Dann wird sein Blick klar und rein sein, wie ich bereits geschrieben habe, so dass er von der Dunkelheit des Körperlichen weder verführt noch getäuscht wird und seine Taten vollkommen rein sein werden.

Wenn er diese Eigenschaft besitzt, wird David sich freuen und sagen: "Ich will meine Hände in Reinheit waschen und um Deinen Altar gehen, o G-tt" (Tehilim 26,6). Denn in Wahrheit ist nur derjenige geeignet, vor dem König, G-tt, zu erscheinen, der von jeder Spur von Sünde und Ungerechtigkeit völlig rein ist. Denn ohne dies muss er nur Scham und Schande vor Ihm empfinden, wie Esra der Schreiber sagte: "O mein G-tt, ich schäme mich und schäme mich, mein Angesicht zu Dir zu erheben [denn unsere Missetaten sind über unser Haupt gestiegen...]" (Esra 9,6).

Gewiss, es erfordert große Anstrengungen, um Shelemut (Vollkommenheit) in dieser Eigenschaft zu erlangen. Denn die anerkannten und bekannten Sünden sind leicht zu vermeiden, da ihr Übel offensichtlich ist. Aber die Prüfung, die für die Sauberkeit notwendig ist, ist am schwierigsten. Denn die Sünde wird durch Rationalisierungen verborgen, dass sie erlaubt ist, wie ich schrieb und wie die Weisen seligen Andenkens sagten: "Die Sünden, die ein Mensch mit seinen Fersen begeht, umgeben ihn zur Zeit des Gerichts" (Avodah Zara 18a).

In diesem Sinne sagten sie (Bava Batra 165a): "Die Mehrheit der Menschen macht sich des Diebstahls schuldig, eine Minderheit der Unmoral, aber alle sind schuldig am Staub der Verleumdung" (d.h. an den Spuren der Verleumdung). Denn aufgrund seiner äußerst feinen

Messilat Yesharim   Kapitel Zehn

Details stolpern alle Menschen über das, was sie davon nicht erkennen.

Die Weisen seligen Andenkens sagten, David sei wachsam gewesen und habe sich von all diesen Dingen vollständig gereinigt. Deshalb zog er mit starkem Vertrauen auf G-tt in den Krieg und bat: "Möge ich meine Feinde verfolgen und sie überrumpeln und nicht eher umkehren, bis ich sie vernichtet habe" (Tehilim 18:38), etwas, das Jehoschafat, Asa und Chizkijahu nicht erbeten hatten, da sie nicht so vollkommene Reinheit erlangt hatten (siehe Midrasch Eicha Raba peticha 30).

Dies ist es, was David selbst später in seinen Worten sagte: "Belohne mich, o G-tt, nach meiner Gerechtigkeit, nach der Reinheit meiner Hände vergelte mir" (ibid 18,21) und "der Ewige hat mich nach meiner Gerechtigkeit belohnt, nach der Reinheit meiner Hände vor seinen Augen" (ibid 18,25). Dies bezieht sich auf die Reinheit und Sauberkeit, die wir erwähnt haben. Dann sagte er weiter: "Denn durch dich laufe ich auf eine Schar... Ich habe meine Feinde verfolgt und sie überholt" (Tehilim 18:30). Und er selbst sagte weiter: "Wer wird auf den Berg G-ttes hinaufsteigen, wer wird an seiner heiligen Stätte stehen? Derjenige, der reine Hände und ein reines Herz hat." (Tehilim 24:3).

Gewiss, diese Eigenschaft ist schwer zu erreichen, denn der Mensch ist von Natur aus schwach. Sein Herz ist leicht zu verführen, und er erlaubt sich Dinge, die eine Selbsttäuschung ermöglichen. Zweifellos hat jemand, der diese Eigenschaft erlangt hat, bereits eine sehr hohe geistige Stufe erreicht. Denn er hat inmitten des tobenden Kampfes gestanden und ist siegreich daraus hervorgegangen. Wir werden nun die Einzelheiten dieses Merkmals erklären.

Messilat Yesharim

Kapitel Elf

Besonderheiten der Sauberkeit

Die Einzelheiten des Merkmals der Sauberkeit sind sehr zahlreich. Sie sind so zahlreich wie alle Einzelheiten der 365 negativen Gebote. Denn ich habe bereits erwähnt, dass es bei der Sauberkeit darum geht, von allen Zweigen der verschiedenen Sünden rein zu sein.

Obwohl der Yetzer HaRah (die böse Neigung) danach strebt, dass man bei jeder Sünde sündigt, gibt es dennoch einige, die die Natur des Menschen mehr begehrt. Bei diesen präsentiert ihm die böse Neigung mehr Rationalisierungen, warum es erlaubt ist. Deshalb muss man sich in diesen besonders stärken, um seine böse Neigung zu besiegen und sich von der Sünde zu reinigen. Dazu sagten unsere Weisen: "Diebstahl und verbotene Beziehungen sind Sünden, die die Seele eines Menschen ersehnt und begehrt" (Chagigah 11b).

REINHEIT VOM DIEBSTAHL: Wir können beobachten, dass, auch wenn die meisten Menschen keine offensichtlichen Diebe sind, die buchstäblich mit ihren Händen den Besitz ihres Mitmenschen nehmen und ihn in ihren eigenen Besitz stecken, die meisten Menschen dennoch einen Geschmack von Diebstahl in ihren Geschäftsbeziehungen erleben, indem sie die Erlaubnis rationalisieren, durch den Verlust ihres Mitmenschen zu

Messilat Yesharim — Kapitel Elf

profitieren. Sie mögen sich einreden: "Geschäft ist anders".

Viele negative Gebote beziehen sich auf Diebstahl, wie z. B. "Du sollst nicht stehlen" (Schemot 20:13, "Du sollst nicht rauben" (Vayikra 19:13), "Du sollst nicht unterdrücken" (ebd.); "Du sollst nicht leugnen und nicht lügen" (Vayikra 19:11), "Du sollst dich nicht unterdrücken" (Vayikra 25:14), "Du sollst die Grenze deines Nächsten nicht überschreiten" (Devarim 19:14). All dies sind Abteilungen der Gesetze des Diebstahls, die für viele alltägliche Geschäftsvorgänge gelten, und jedes von ihnen enthält viele Verbote.

Denn es ist nicht nur die explizite und wohlbekannte Tat des Diebstahls oder der Unterdrückung, die verboten ist, sondern vielmehr ist alles, was zu einer solchen Tat führen und sie verursachen kann, in dem Verbot enthalten. Dazu sagten unsere Weisen seligen Andenkens (Sanhedrin 81a): "'Er hat die Frau seines Gefährten nicht verunreinigt' (Yechezkel 18:6) - dass er sich nicht in das Gewerbe seines Gefährten einmischt".

Rabbi Yehuda verbot einem Ladenbesitzer, geröstete Körner und Nüsse an Kinder zu verteilen, um sie daran zu gewöhnen, seinen Laden zu besuchen. Die anderen Weisen erlaubten es nur, weil seine Konkurrenten das auch tun könnten (Bava Metzia 60a).

Unsere Weisen seligen Andenkens sagten auch: "Von einer anderen Person zu stehlen ist schlimmer als vom Eigentum des Tempels zu stehlen, denn bei ersterem geht das Wort 'Sünde' dem Wort 'Verrat' voraus [und bei letzterem das Gegenteil] ....."

Ebenso befreiten sie angeheuerte Arbeiter von der Rezitation des (Hamotzi)-Segens über Brot und vom letzten Segen des Tischgebets nach den Mahlzeiten (Birkat Hamazon). Und selbst beim Rezitieren der Shema verlangten sie von ihnen, nur für das erste Kapitel eine Pause einzulegen (Berachoth 16b). Wie viel mehr gilt das für Dinge, die freiwillig sind. Und wenn er dagegen verstößt, gilt er als Dieb.

Aba Chilkiya erwiderte nicht einmal die Grüße der Toragelehrten, um nicht von der Arbeit, die er für einen anderen verrichtete, untätig zu sein (Taanit 23b). Yaakov, unser Vorfahre, Friede sei mit ihm, sagt ausdrücklich: "Am Tag verzehrte mich die Hitze und in der Nacht der Frost, und mein Schlaf wich von meinen Augen" (Bereischis 31:40).

Was werden dann diejenigen antworten, die sich mit ihren eigenen Vergnügungen beschäftigten und während der Zeit, in der sie angestellt waren, der Arbeit fernblieben? Oder wenn sie sich mit ihren eigenen Angelegenheiten beschäftigten, ein jeder zu seinem eigenen Vorteil?

Zusammenfassend kann man sagen, dass derjenige, der sich für irgendeine Arbeit an einen anderen verdingt, alle seine Stunden für den Arbeitstag an seinen Arbeitgeber verkauft, wie die Weisen sagten: "Wer sich verdingt, verkauft sich für den Tag" (Bava Metzia 56b). Jede Zeit, die er sich für sein eigenes Vergnügen nimmt, was auch immer es sein mag, ist völlig schuldig des Diebstahls. Und wenn sein Arbeitgeber ihm nicht verzeiht, wird ihm nicht verziehen. Denn die Weisen sagten bereits: "Sünden zwischen einem Menschen und seinem Nächsten werden an Jom Kippur erst dann gesühnt, wenn er seinen Nächsten zufriedengestellt hat" (Yoma 85b).

Und nicht nur das: Selbst wenn man während seiner Arbeit eine Mitzwa (gute Tat) vollbringt, wird sie nicht als Verdienst, sondern vielmehr als Sünde in seiner Hand gewertet. Denn eine Sünde kann nicht als eine Mitzwa angesehen werden. Und die Heilige Schrift sagt: "[Ich bin G-tt, der die Gerechtigkeit liebt und] den Diebstahl eines Opfers hasst" (Jesaja 61:8). In diesem Zusammenhang sagten unsere Weisen seligen Andenkens: "Wer ein Maß Weizen stiehlt, es mahlt, backt und darüber einen Segen spricht, der segnet nicht, sondern lästert, wie geschrieben steht: 'und der Räuber, der segnet, lästert G-tt' (Tehilim 10,3)".

Ähnlich wurde gesagt: "Wehe dem Menschen, dessen Verteidiger zu seinem Ankläger geworden ist" (Vayikra Raba 30). Und wie unsere Weisen seligen Andenkens in Bezug auf einen gestohlenen Lulav sagten.

Das ist logisch, denn einen Gegenstand zu stehlen ist Diebstahl und Zeit zu stehlen ist Diebstahl. Genauso wie jemand, der einen Gegenstand stiehlt und damit eine Mitzwa verrichtet, sein Verteidiger zu seinem Ankläger wird. So wird auch derjenige, der Zeit stiehlt und damit eine Mitzwa begeht, sein Verteidiger zu seinem Ankläger.

Der Heilige, gepriesen sei Er, will nur Treue (Ehrlichkeit). Diesbezüglich heißt es in der Schrift: "G-tt behütet die Treuen" (Tehilim 31,24), und "Öffnet die Tore und lasst die Gerechten, die den Glauben bewahren, eintreten" (Jesaja 26,2), und "Meine Augen werden auf die Treuen im Lande gerichtet sein, damit sie bei mir wohnen" (Tehilim 101,6), und "Sind deine Augen nicht auf Treue gerichtet?" (Jeremia 5,3).

Sogar Hiob hat über sich selbst Zeugnis abgelegt: "Wenn mein Schritt vom Weg abgewichen ist und mein Herz meinen Augen gefolgt ist, und wenn ein Fleck an meinen Händen klebt" (Hiob 31,7). Man beachte diese schöne Analogie, in der er den unsichtbaren Diebstahl mit etwas vergleicht, das an der Hand kleben bleibt (z. B. Mehl beim Kneten), denn auch wenn man nicht die Absicht hat, es zu nehmen, und es von selbst an den Händen kleben bleibt, so bleibt es doch in den Händen. So ist es auch hier, auch wenn man nicht hinausgeht, um tatsächlich zu stehlen, schwierig, dass die Hände völlig frei von Diebstahl sind.

In Wahrheit liegt das alles daran, dass die Augen das Herz anziehen, anstatt dass das Herz über die Augen herrscht und ihnen nicht erlaubt, die Dinge anderer Menschen als angenehm zu betrachten. Auf diese Weise ziehen die Augen das Herz dazu an, Erlaubnisse (heterim) für das, was ihnen attraktiv und begehrenswert erscheint, zu rationalisieren. Deshalb sagte Hiob, dass er dies nicht getan hat. Sein Herz ist nicht seinen Augen gefolgt. Deshalb war auch kein Fleck an seinen Händen hängen geblieben.

Betrachten wir das Verbot von Onaah (Betrug/Täuschung). Wie leicht ist es für einen Menschen, verführt zu werden (Erlaubnis zu finden - SP) und darin zu stolpern (tatsächliche Sünde - SP). Denn es erscheint ihm angemessen, sich zu bemühen, seine Ware in den Augen der Menschen ansprechend erscheinen zu lassen, um aus der Mühe seiner Hände einen Gewinn zu erzielen; zu versuchen, das Herz des potenziellen Kunden anzusprechen, um ihn zu überzeugen (Verkäufergespräch). Er wird sich für all das rechtfertigen und zitieren: "Einige sind fleißig und profitieren" (Pesachim 50b) oder "die Hand des Fleißigen gedeiht" (Mischlei 10:4).

Aber wenn er seine Taten nicht sehr sorgfältig prüft, werden statt des Weizens Dornen sprießen. Denn er wird übertreten und in die Sünde der Onaah (Betrug) stolpern, vor der wir gewarnt wurden: "Und ihr sollt einander nicht unterdrücken" (Vayikra 25:17) und unsere Weisen seligen Andenkens sagten: "Auch einen Nicht-Juden zu betrügen ist verboten" (Chulin 94a). Und die Heilige Schrift sagt: "Der Rest Israels soll keine Ungerechtigkeit tun und keine Lügen reden, und in seinem Mund soll keine betrügerische Zunge gefunden werden" (Tzefania 3:13).

Ähnlich sagten die Weisen: "Man darf alte Waren nicht verschönern, damit sie neu erscheinen" (Bava Metzia 60b).

Und in (Sifri Devarim 25:16): "Es ist verboten, Früchte von einem anderen Feld zu mischen, selbst wenn letztere genauso frisch sind wie die ersten, und selbst wenn sie zu einem Preis von einem Seah pro Dinar verkauft werden und die Mischung einen Dinar und einen Tarsit wert ist. Trotzdem ist es verboten, sie zu mischen und die Mischung für einen Seah pro Dinar zu verkaufen. Wer all dies tut, der begeht eine Ungerechtigkeit" (Devarim 25:16) - fünf Bezeichnungen werden solchen Menschen zugeschrieben: "ungerecht", "verhasst", "widerlich", "verdammt", "abscheulich".

Die Weisen sagten auch: "Wenn jemand seinem Mitmenschen auch nur den Wert einer Peruta (kleine Münze) stiehlt, ist es, als würde er ihm das Leben nehmen" (Bava Kama 119a). Diese Lehre zeigt uns, wie schwerwiegend diese Sünde ist, selbst wenn es sich nur um einen kleinen Betrag handelt. Sie sagten weiter: "Der Regen wird nur wegen der Sünde des Diebstahls zurückgehalten" (Taanit 7b). Und "bei einem Korb voller Sünden, welche Sünde steht an der Spitze von ihnen allen? - Diebstahl" (Vayikra Raba 33:3). Und "die Generation der Sintflut hatte ihr Schicksal nur wegen der Sünde des Diebstahls besiegelt" (Sanhedrin 108a).

Wenn Sie sich fragen, "wie ist es möglich, dass wir in unseren Geschäften nicht versuchen, einen potenziellen Käufer davon zu überzeugen, die Ware und ihren Wert zu kaufen?"

Es gibt einen großen Unterschied in dieser Angelegenheit. Denn alles, was dazu dient, dem Kaufinteressenten den wahren Wert und die Qualität der Ware zu zeigen, ist gut und richtig. Aber alles, was dazu dient, ihre Mängel zu verbergen, ist Betrug (Onaah) und verboten. Dies ist ein allgemeiner Grundsatz im treuen Geschäftsverkehr.

Ich werde nicht über die Täuschung im Bereich der Maße sprechen, denn die Schrift sagt ausdrücklich: "Ein Greuel des Herrn, deines G-ttes, sind alle, die so etwas tun" (Devarim 25:16). Weiter heißt es dort: "Die Strafe für unehrliche Gewichte und Maße ist schlimmer als die

Messilat Yesharim — Kapitel Elf

Strafe für unerlaubte Beziehungen" (Bava Basra 88b) und "ein Großhändler muss seine Maße einmal in dreißig Tagen abwischen..." (ibid 88a). Warum dies alles? Damit sie sich nicht unwissentlich verkleinern und er nicht bestraft wird [für Diebstahl von seinen Kunden aufgrund von Nachlässigkeit].

Wie viel mehr für die Sünde des Zinsnehmens, die als so groß angesehen wird wie die Leugnung des G-ttes Israels, G-tt bewahre. Unsere Weisen seligen Andenkens kommentierten den Vers: "Er hat auf Zinsen geliehen und hat sich vermehrt; soll er dann leben? Er soll nicht leben! [Er soll nicht leben" (Yechezkel 18:13) - "er soll nicht leben" bezieht sich auf das Leben in der Zeit der Auferstehung der Toten, denn er und sein Staub sind abscheulich und verabscheuungswürdig in den Augen G-ttes" (Shemot Raba 31:6). Ich halte es nicht für notwendig, dies näher zu erläutern, denn die Furcht davor ist bereits in jedem Mann Israels eingeprägt.

Das allgemeine Prinzip des Gesagten - so wie der Wunsch nach Geld sehr groß ist, so sind auch die Stolpersteine sehr zahlreich. Eine große Analyse und sorgfältige Untersuchung ist erforderlich, damit ein Mensch wirklich von ihnen gereinigt werden kann. Wenn er sich von ihnen gereinigt hat, sollte er wissen, dass er bereits eine hohe Stufe erreicht hat.

Denn viele haben die Frömmigkeit in verschiedenen Bereichen der Frömmigkeit erreicht, aber in der Frage des Hasses auf Bestechungsgelder (d.h. unehrliche Gewinne) sind sie nicht in der Lage, den Ort des Shelemut (Ganzheit/Vollkommenheit) zu erreichen. Das ist es, was Tzofar HaNaamati zu Hiob sagte: "Wenn

Messilat Yesharim — Kapitel Elf

Ungerechtigkeit in deiner Hand ist, so lege sie weit weg, und erlaube der Ungerechtigkeit nicht, in deinen Zelten zu wohnen; dann wirst du dein Angesicht ohne Makel erheben; du wirst standhaft sein und dich nicht fürchten" (Hiob 11:14-15).

Ich habe bis jetzt über einige Details einer der Mitzvot gesprochen. Es besteht kein Zweifel, dass jede einzelne Mitzwa in ähnlicher Weise auch Unterteilungen und Details aufweist. Ich werde jedoch nur die besprechen, über die die Mehrheit der Menschen gewohnheitsmäßig stolpert.

VERBOTENE BEZIEHUNGEN: Lassen Sie uns nun das Thema der verbotenen Beziehungen besprechen. Sie gehören ebenfalls zu den Sünden, nach denen sich die Menschen sehnen, und stehen an zweiter Stelle nach dem Diebstahl, denn unsere Weisen, seligen Angedenkens, sagten: "Die Mehrheit der Menschen macht sich des Diebstahls schuldig und eine Minderheit der verbotenen Beziehungen" (Bava Basra 165a).

Wer von dieser Sünde völlig rein werden will, wird auch eine nicht geringe Mühe aufwenden müssen. Denn zum Verbot gehört nicht nur die Tat selbst, sondern auch alles, was einen in die Nähe dieser Tat bringt. Das wird in der Schrift ausdrücklich gesagt: "Du sollst dich nicht nähern, um deine Blöße zu entblößen" (Vayikra 18:6).

Und unsere Weisen sagten: "Spricht der Heilige, gepriesen sei Er: 'Sage nicht, da es mir verboten ist, mit einer Frau Verkehr zu haben, werde ich sie umarmen und frei von Sünde sein, ich werde sie liebkosen und frei von Sünde sein, ich werde sie küssen und frei von Sünde sein'.

Messilat Yesharim — Kapitel Elf

Der Heilige, gepriesen sei Er, sagt: 'So wie es einem Nasir, der ein Gelübde ablegt, keinen Wein zu trinken, verboten ist, Trauben oder Rosinen, verdünnten Traubensaft oder irgendetwas aus der Weinrebe zu essen, so ist es dir auch verboten, eine Frau, die nicht deine Frau ist, in irgendeiner Weise zu berühren. Wer eine Frau berührt, die nicht seine Frau ist, bringt sich selbst den Tod...' " (Schemot Raba 16:2).

Man bedenke, wie wundersam die Worte dieses Midraschs sind. Denn er vergleicht dieses Verbot mit dem des Nasir, der zwar in erster Linie nur Wein verbietet, dem die Tora jedoch alles verbietet, was mit Wein zu tun hat. Dies war eine Lektion, die die Tora den Weisen erteilte, wie sie "einen Zaun um die Tora errichten" sollten, damit sie die ihnen verliehene Autorität nutzen können, um Schutzmaßnahmen für die Tora zu erlassen.

Denn sie konnten von dem Nasir lernen, alles zu verbieten, was mit dem Hauptverbot zusammenhängt. So hat die Tora für dieses Verbot des Nasir ein Beispiel dafür gegeben, was sie die Weisen ermächtigte, für alle anderen Mitzvot zu tun, um zu lehren, dass dies G-ttes Wille ist. Wenn G-tt uns also etwas verbietet, können wir das Unerklärte aus dem Erklärten (Nasir) ableiten, um auch alles zu verbieten, was dem angegebenen Verbot nahe kommt.

Auf diese Weise haben die Weisen in Bezug auf verbotene Beziehungen alles verboten, was einer Person ähnelt und sie in die Nähe von verbotenen Beziehungen bringt, auf welche Weise auch immer, nämlich ob in der Tat, im Anblick, in der Rede, im Hören oder sogar in

Messilat Yesharim   Kapitel Elf

Gedanken. Ich werde euch nun einige Beweise für all dies aus den Worten der Weisen seligen Andenkens bringen.

In der Tat: nämlich Berührungen, Umarmungen oder ähnliches, das haben wir schon früher in der Aussage erklärt, die wir gebracht haben (aus Shemot Raba 16:2). Es ist nicht nötig, dies weiter auszuführen.

In Sichtweite: Unsere Weisen, gesegneten Andenkens, sagten: "'von Hand zu Hand wird er dem Bösen nicht entgehen' (Mischlei 11:21), [das lehrt] wer Geld von seiner Hand zur Hand einer Frau zählt, um sie anzuschauen, [auch wenn er Tora und gute Taten besitzt wie Moses, unser Lehrer,] wird der Strafe von Gehinom nicht entgehen" (Berachot 61a). Und: "Warum brauchten die Juden jener Generation Sühne? Weil sie ihre Augen mit Unzüchtigkeit (Erva) gefüttert haben" (Schab. 64b) und "Rabbi Schesches sagte: 'Warum zählt die Schrift den äußeren Schmuck mit dem inneren auf? Um euch zu lehren: Wer auf den kleinen Finger einer Frau schaut, für den ist es, als ob er auf ihr Geschlechtsteil schaut" (ebd.).

Sie lehrten weiter: "'Du sollst dich von allem Bösen fernhalten' (Devarim 23:10) [das lehrt], dass man eine schöne Frau nicht aufmerksam ansehen soll, auch wenn sie unverheiratet ist, oder eine verheiratete Frau, auch wenn sie hässlich ist" (Avodah Zara 20b).

In der Rede: Es wurde ausdrücklich gelehrt: "Wer zu viel mit einer Frau spricht, bringt Unglück über sich" (Avot 2:5).

Beim Hören: Es wurde gelehrt: "Die Stimme einer Frau ist Erva (sexuelle Aufreizung)" (Berachot 24a).

Messilat Yesharim — Kapitel Elf

Und was die Unzüchtigkeit des Mundes und des Ohres betrifft, nämlich unzüchtige Worte zu sprechen oder zu hören, haben unsere Weisen bereits "wie Kraniche geschrien", indem sie sagten (über den Vers): "'Es soll nichts Unanständiges (Erva) unter euch sein' (Devarim 23:15) - dies bezieht sich auf Unzüchtigkeit der Rede" (Yerushalmi Teruma 1:6).

Sie sagten weiter (Schabbat 33a): "Durch die Sünde der unzüchtigen Rede entstehen neue Schwierigkeiten, und die jungen Männer Israels sterben" (Jesaja 9:16)

Und "wer eine obszöne Sprache spricht, für den wird Gehinom tief gemacht [wie es heißt: Eine tiefe Grube ist für den Mund, der Perverses spricht] (Mischlei 22:14)

Und weiter: "Alle wissen, zu welchem Zweck eine Braut in den Hochzeitsbaldachin eintritt, doch gegen den, der unzüchtig davon spricht, wird, selbst wenn ein Urteil von siebzig Jahren des Guten für ihn besiegelt worden wäre, es zum Bösen umgekehrt" (Schabbat 33a).

Sie sagten weiter: "Sogar das leichte Gespräch zwischen einem Mann und seiner Frau wird einem Menschen zur Zeit seines Urteils verkündet" (Chagigah 5b).

Und bezüglich des Zuhörens von Obszönitäten wird ebenfalls gelehrt: "auch wer zuhört und schweigt, wie geschrieben steht: 'Der Mund fremder Frauen ist wie eine tiefe Grube; wer von G-tt verabscheut wird, fällt hinein'" (Schabbat 33a).

Dies zeigt dir, dass alle Sinne von Unzüchtigkeit und allem, was damit zusammenhängt, gereinigt werden müssen.

Messilat Yesharim   Kapitel Elf

Wenn ein Mann törichterweise zu dir sagt: "Das, was die Weisen über die obszöne Sprache gesagt haben, ist nur dazu da, den Menschen zu erschrecken und von der Sünde abzubringen, und es ist nur für diejenigen gedacht, deren Blut kocht, nämlich, wenn er von diesen Dingen spricht, wird er zur Lust erregt. Wer es aber nur im Scherz sagt, für den ist es unbedeutend und nicht von Belang."

Antworte ihm, dass seine Worte die der bösen Neigung sind. Denn die Weisen haben ihre Beweise aus einem ausdrücklichen Vers in der Heiligen Schrift erbracht: "Zur Strafe für die Obszönität mehren sich die Unruhen, grausame Verordnungen werden von neuem verkündet, die Jugend Israels stirbt ... denn jeder ist ein Schmeichler und Verleumder, und jeder Mund spricht Obszönitäten" (Jesaja 9,16). In diesem Vers ist weder von Götzenanbetung noch von unerlaubten Beziehungen oder Mord die Rede, sondern von Schmeichelei, Verleumdung und obszöner Rede. All das sind Sünden des Mundes in der Rede. Und über diese erging der Erlass: "Die Jünglinge Israels sterben, und die Waisen und Witwen schreien und werden nicht erhört ... Er wird sich nicht erbarmen."

Die Wahrheit ist vielmehr wie die Worte unserer Weisen seligen Andenkens, dass das Äußern obszöner Worte in der Tat Unzüchtigkeit der Rede ist. Es ist ein Aspekt der Unzüchtigkeit und fällt unter das gleiche Verbot wie alle anderen Dinge der Unzüchtigkeit, mit Ausnahme des eigentlichen Akts der unerlaubten Beziehungen. Auch wenn sie nicht die himmlische Strafe des Karet (Abschneiden der Seele) oder den Tod durch Beit Din nach sich zieht (wie der Akt der unerlaubten

Beziehungen), sind sie dennoch an und für sich verboten. Außerdem sind sie Dinge, die zu dem eigentlichen Verbot führen, ähnlich wie der Fall des Nasir im Midrasch, den wir zuvor gebracht haben.

Was die "Gedanken" betrifft, so haben unsere Weisen bereits am Anfang unserer Beraitha erwähnt: "'Du sollst dich von allem Bösen fernhalten' (Devarim 23:10) - Von hier aus sagte R. Pinchas b. Yair, dass ein Mensch keine [unreinen] Gedanken in seinem Herzen haben sollte und sich so selbst dazu bringen sollte, nachts unrein zu werden" (Ketubot 46a). Sie sagten weiter: "Gedanken an die Sünde sind schlimmer als die Sünde selbst" (Yoma 29a) und die Schrift sagt ausdrücklich: "Böse Gedanken sind G-tt ein Gräuel" (Mischlei 15:26).

Wir haben über zwei schwere Sünden gesprochen, über deren Zweige die Menschen aufgrund der Vielzahl dieser Zweige und aufgrund der großen Neigung des menschlichen Herzens zu ihnen wegen der Begierde nach ihnen zu stolpern drohen.

VERBOTENE NAHRUNGSMITTEL: Die Sünde, die nach Diebstahl und verbotenen Beziehungen an dritter Stelle der Begierde steht, ist die der verbotenen Nahrungsmittel, sei es unkoscheres Fleisch selbst, Mischungen davon, Fleisch und Milch, Blut, von Nichtjuden gekochte Speisen, von Nichtjuden benutzte Geräte, ihre Weintränke und einfacher Wein. Für all dies erfordert die Reinheit in ihnen große Akribie und Stärkung. Denn das Herz begehrt nach guten Speisen, und die Verbote von Mischungen und dergleichen bringen finanzielle Verluste mit sich.

Messilat Yesharim   Kapitel Elf

Ihre Einzelheiten sind zahlreich, allesamt bekannte Gesetze, die in den Büchern der halachischen Rechtsprechung erklärt werden. Wer in ihnen nachsichtig ist, obwohl die Weisen entschieden haben, dass man streng sein muss, zerstört nur seine Seele, wie die Weisen in der Sifra (Parscha Schmini) sagen: "'Verunreinigt euch nicht, indem ihr Tamei (geistig verunreinigt) mit ihnen werdet' (Vayikra 11:43), wenn ihr euch mit ihnen verunreinigt, werdet ihr am Ende Tamei mit ihnen werden".

Das liegt daran, dass die verbotenen Speisen Tuma (geistige Verunreinigung) in das Herz und die Seele eines Menschen bringen, so dass die Heiligkeit G-ttes, gesegnet sei Er, von ihm weicht und sich von ihm zurückzieht. Dies ist auch das, was sie erklärten (Yoma 39a): "'sich mit ihnen verunreinigen' (Vayikra 11:43) - lies nicht ve-nitmetem [dass du verunreinigt wirst], sondern ve-nitamtem [dass du stumpfsinnig wirst]".

Denn die Sünde stumpft das Herz des Menschen ab und bewirkt, dass das wahre Wissen und der Geist der Weisheit, den der Heilige, gesegnet sei Er, den Frommen schenkt, von ihm abfällt, wie geschrieben steht "denn G-tt schenkt Weisheit" (Mischlei 2:6). So bleibt er tierisch und materiell, versunken in der Grobheit dieser Welt.

Die verbotenen Speisen sind in dieser Hinsicht schlimmer als alle anderen Sünden, da sie buchstäblich in den Körper des Menschen eindringen und zu Fleisch seines Fleisches werden. Und um uns zu lehren, dass nicht nur die unkoscheren Tiere und Lebewesen diese Tuma (geistige Verunreinigung) enthalten, sondern sogar die disqualifizierten koscheren Tiere selbst (Treifot) auch.

Die Schrift sagt: "um zwischen dem Unreinen (Tamei) und dem Reinen (Tahor) zu unterscheiden" (Vayikra 11:47), und die Erklärung, die unsere Rabbiner seligen Andenkens erhielten:

"Es ist nicht notwendig, uns über den Unterschied zwischen einem Esel und einer Kuh zu belehren. Warum heißt es dann in der Schrift: 'zwischen dem Unreinen und dem Reinen'? [Antwort:] Sie bezieht sich vielmehr auf den Unterschied zwischen dem, was für euch unrein ist, und dem, was für euch rein ist, nämlich zwischen einem koscheren Tier, bei dem der größte Teil der Luftröhre durchgeschnitten wurde, und einem, bei dem nur die Hälfte der Luftröhre durchgeschnitten wurde. Und wie groß ist der Unterschied zwischen einer Mehrheit und einer Hälfte? - Eine Haaresbreite" (Sifra Shemini Kap.12).

Der Grund, warum sie ihre Lehre mit den Worten "und wie groß ist der Unterschied zwischen einer Mehrheit usw." beendeten, ist, um zu zeigen, wie wundersam die Macht der Mitzwa ist, bei der eine bloße Haaresbreite zwischen Tuma (unrein) und Tahara (rein) trennt.

Siehe, jeder Mensch, der ein Hirn im Kopf hat, wird verbotene Nahrung als Gift betrachten oder als Nahrung, die mit Gift vermischt wurde. Denn siehe, wenn ein solcher Fall eintreten würde, wäre er dann nachsichtig mit sich und würde von solchen Speisen essen?

Wenn es einen Grund zum Verdacht gäbe, auch nur den geringsten, wäre er dann nachsichtig? Gewiss nicht. Und wenn er Nachsicht walten ließe, würden die Leute ihn für einen kompletten Narren halten!

Das Verbot in der Nahrung ist, wie wir erklärt haben, buchstäblich ein Gift für das Herz und die Seele. Wenn das so ist, wer von den Vernünftigen wird dann Nachsicht walten lassen, wenn der Verdacht auf ein Verbot in der Nahrung besteht? Dazu steht geschrieben: "und stecke ein Messer in deinen Mund, wenn du ein Mensch bist, der dem Appetit verfallen ist" (Mischlei 23,2).

Sprechen wir nun über die gewöhnlichen Sünden, die sich aus dem Umgang mit Menschen und dem Zusammensein mit ihnen ergeben, wie z.B. Unterdrückung der Rede, Beschämung, Irreführung der Blinden durch [schlechte] Ratschläge, Geschwätzigkeit, Hass, Rache, Eidesleistung, Lüge und Entweihung des Namens G-ttes. Denn wer kann sagen: "Ich bin rein von ihnen. Ich bin rein geworden von der Sünde, die ich an ihnen begangen habe"? Denn ihre Zweige sind so zahlreich und fein, dass es große Mühe kostet, sich vor ihnen zu hüten.

WORTE, DIE VERLETZEN: Zur Sünde der Unterdrückung der Rede (Ona'as Devarim) gehört es, zu jemandem unter vier Augen etwas zu sagen, was ihn beschämen könnte. Umso mehr, wenn man etwas explizit sagt, das ihn beschämt, oder wenn man ihm etwas antut, das ihn beschämt.

Dies ist es, was unsere Weisen sagten: "Wäre er ein Baal Teschuwa (Büßer), so sage nicht zu ihm: 'Erinnere dich an deine früheren Taten...' Wenn ihn eine Krankheit befällt, so sage nicht zu ihm, wie die Freunde Hiobs sagten: "Erinnert euch bitte daran, wer jemals unschuldig umgekommen ist?" (Hiob 4:7). Wenn reisende Kaufleute dich um Getreide bitten, sage ihnen nicht: 'Geh zu dem,

Messilat Yesharim — Kapitel Elf

der Getreide verkauft', und du weißt, dass er nie in seinem Leben Getreide verkauft hat" (Bava Metzia 58b).

Unsere Weisen seligen Andenkens sagten bereits: "Verbale Unterdrückung ist schlimmer als finanzielle Unterdrückung..." (ibid). Dies gilt umso mehr, wenn die Beschämung in der Öffentlichkeit geschieht, wie wir ausdrücklich gelernt haben: "Wer das Gesicht seines Nächsten öffentlich beschmutzt (beschämt), hat keinen Anteil an der kommenden Welt" (Avot 5:11), und Rabbi Chisda lehrte (Bava Metzia 59a): "alle Tore [des Gebets] waren verschlossen, außer den Toren der verbalen Unterdrückung". Rabbi Eliezer lehrte: "Für jede Sünde verlangt der Heilige, gesegnet sei Er, die Bezahlung durch einen Boten, außer für die Sünde der verbalen Unterdrückung".

Und sie lehrten "für drei Sünden wird der Pargud (himmlische Vorhang) niemals geschlossen....", und eine dieser Sünden ist die verbale Unterdrückung. Sogar um eine Mitzwa zu erfüllen, von der die Schrift sagt: "Du sollst deinen Nächsten zurechtweisen" (Vayikra 19:14), und unsere Weisen, seligen Angedenkens, sagten: "Man könnte annehmen, dass [dies verpflichtend ist], sogar in dem Maße, dass sein Gesicht weiß wird, deshalb fährt der Vers fort: 'aber tragt keine Sünde seinetwegen'" (Erchin 16b).

Aus all diesen Aussagen kann man ersehen, wie weit sich die Äste dieser Sünde ausbreiten und wie schwer ihre Strafe ist.

IRREFÜHRENDE RATSCHLÄGE GEBEN: Was das Erteilen von [irreführenden] Ratschlägen betrifft, wurden wir in Torat Kohanim (2:14) gelehrt: Du sollst dem Blinden keinen Stolperstein in den Weg legen" (Vayikra 19:14), d.h. einem Blinden in einer bestimmten Angelegenheit. [Zum Beispiel,] wenn man dich fragt: 'Ist es der Tochter von so und so erlaubt, einen Kohen zu heiraten?' Antworte ihm nicht: 'Sie ist erlaubt', wenn sie es nicht ist. Wenn er dich um einen Ratschlag bittet, gib ihm keinen Rat, der nicht zu ihm passt... Sage nicht zu ihm: 'Verkaufe dein Haus und kaufe einen Esel', während du in Wahrheit vorhast, ihn zu umgehen und es von ihm zu kaufen. Vielleicht wirst du sagen: "Ich gebe ihm einen guten Rat" - das ist eine [verborgene] Angelegenheit, die den Gedanken überlassen wird, daher warnt der Vers "du sollst deinen G-tt fürchten" (der deine Gedanken kennt).

Daraus lernen wir, dass man in einer Angelegenheit, in der man möglicherweise ein persönliches Interesse hat oder auch nicht, verpflichtet ist, die Person, die ihn um Rat bittet, auf die reine und klare Wahrheit hinzuweisen.

Man kann feststellen, dass die Tora die Denkweise der Betrüger genau durchschaut hat. Denn wir sprechen hier nicht von Narren, deren schlechter Rat offensichtlich und spürbar ist. Sondern von klugen Betrügern, die ihrem Nächsten einen Rat geben, der oberflächlich betrachtet seinem Nächsten wirklich zum Vorteil gereicht, im Endeffekt aber nicht zu seinem Vorteil, sondern zu seinem Nachteil, nur zum Vorteil des Beraters. Deshalb sagten sie: "Vielleicht wirst du sagen: 'Ich gebe ihm einen guten Rat' ... das ist eine verborgene Sache des Denkens ... ['du sollst deinen G-tt fürchten']".

Oh, in welchem Ausmaß stolpern die Menschen täglich in diese Sünden, gerufen und getrieben von der Kraft des

Gewinnstrebens! Die Strenge ihrer Bestrafung wurde bereits in der Heiligen Schrift offenbart: "Verflucht sei, wer einen Blinden auf der Straße in die Irre führt" (Devarim 27,18).

Die Pflicht des aufrechten Mannes, wenn jemand zu ihm kommt und ihn um Rat fragt, besteht darin, ihm das zu raten, was er selbst in einer ähnlichen Situation getan hätte, ohne irgendeinen anderen Zweck, ob fern oder nah, als den Nutzen des Ratsuchenden im Auge zu haben.

Und wenn es vorkommt, dass er als Ergebnis dieses Rates einen Schaden für sich selbst erwartet, dann sollte er, wenn er in der Lage ist, den Ratsuchenden direkt zu ermahnen, dies tun. Andernfalls sollte er sich aus der Angelegenheit zurückziehen und keinen Rat geben. Auf jeden Fall darf er keinen Ratschlag geben, der einen anderen Zweck als den Nutzen des Ratsuchenden verfolgt, es sei denn, die Absicht des Ratsuchenden ist böse, in diesem Fall ist es sicherlich eine Mitzwa, ihn zu täuschen. Und die Heilige Schrift sagte bereits: "Mit einem Krummen aber handelst Du krumm" (Tehilim 18:27), und die Geschichte von Chuschai, dem Architekten, beweist dies.

VERLEUMDUNG UND BÖSE SPRACHE: Die Schwere der Verleumdung ist bereits bekannt, ebenso wie ihre großen Verzweigungen, denn sie sind äußerst zahlreich. Ihr Ausmaß ist so groß, dass unsere Weisen seligen Andenkens sagten, wie ich bereits zitiert habe, "alle stolpern im Staub der Verleumdung" (Bava Basra 165a).

Sie lehrten (Erchin 15b): "Was ist [der Staub der]

Verleumdung? [Antwort:] Zum Beispiel zu sagen: 'Wo sonst sollte es Feuer geben, wenn nicht im Haus von so-und-so?' (was bedeutet, dass es dort immer Fleisch und Fisch gibt)". Oder man lobt eine Person vor jemandem, der sie hasst. Ebenso ist es in allen ähnlichen Fällen, auch wenn sie wie unbedeutende Worte erscheinen mögen, die weit davon entfernt sind, ein Märchen zu erzählen, so sind sie doch in Wahrheit aus dem "Staub" der Verleumdung.

Das allgemeine Prinzip ist, dass die böse Neigung viele Wege hat. Aber jedes Wort, das einem Mitmenschen Schaden oder Schande zufügen könnte, ob es nun in seiner Gegenwart geäußert wird oder nicht, gehört zur Sünde der bösen Rede, die vor G-tt gehasst und verachtet wird, und von der die Weisen sagten: "Wer böse redet, ist so, als ob er G-tt verleugnete" (Erchin 15b), und die Schrift sagt: "Wer seinen Nächsten heimlich verleumdet, den will ich umhauen" (Tehilim 101,5).

HASS UND RÄCHE: Hass und Rache sind für das verhöhnte Herz des Menschen ebenfalls äußerst schwer zu überwinden. Denn der Mensch fühlt sich stark beleidigt und erfährt dabei großen Schmerz. Rache ist ihm dann süßer als Honig, denn sie allein ist sein Frieden.

Wer also die Kraft hat, auf das zu verzichten, wozu ihn seine Natur drängt, und das Unrecht zu übersehen, denjenigen nicht zu hassen, der den Hass in seinem Herzen entfacht hat, keine Rache zu fordern, wenn er die Gelegenheit dazu hat, und keinen Groll gegen ihn zu hegen, sondern vielmehr den ganzen Vorfall zu vergessen und ihn aus seinem Herzen zu entfernen, als wäre er nie geschehen - der ist mächtig und mutig.

Solche Nachsicht fällt nur den dienenden Engeln leicht, die diese Eigenschaften nicht in sich tragen, nicht aber den Menschen, "die in Häusern aus Lehm wohnen, deren Fundament im Staub liegt" (Hiob 4,19). Aber es ist ein Gebot des Königs, und die biblischen Verse sagen es in ausdrücklicher und klarer Sprache, die keiner Erklärung bedarf: "Du sollst deinen Bruder nicht in deinem Herzen hassen" (Vayikra 19,17), "du sollst dich nicht rächen und keinen Groll gegen die Angehörigen deines Volkes hegen" (Vayikra 19,18).

Die Erklärung für Rache und Groll ist bekannt.

Rache bedeutet, jemandem nichts Gutes zu tun, der ihm Gutes vorenthalten oder ihm Unrecht zugefügt hat.

Groll zu hegen bedeutet, den Übeltäter an das Unrecht zu erinnern, das er ihm angetan hat, während er ihm Gutes tut.

Aber der Yetzer (böse Neigung) schreitet voran und schürt das Herz, indem er ständig versucht, zumindest eine Spur oder Erinnerung an das Unrecht zu hinterlassen. Wenn es ihm nicht gelingt, eine große Erinnerung zu hinterlassen, wird er versuchen, eine kleine Erinnerung zu hinterlassen. Zum Beispiel wird er zu einer Person sagen: "Wenn du dieser Person das geben willst, was sie dir nicht geben wollte, als du in Not warst, dann gib es wenigstens nicht mit einem angenehmen Gesichtsausdruck". Oder: "Wenn du ihn nicht verletzen willst, dann tu ihm wenigstens nicht einen großen Gefallen oder hilf ihm sehr." Oder "selbst wenn du ihm sehr helfen willst, tue es wenigstens nicht in seiner Gegenwart oder setze den Umgang mit ihm und deine

Freundschaft mit ihm nicht fort. Es reicht, wenn du ihm verzeihst und dich nicht als Feind zeigst". Oder: "Auch wenn Sie weiterhin sein Freund sein wollen, zeigen Sie ihm wenigstens nicht mehr so viel Zuneigung wie früher".

Alle diese Argumente gehören zu den eifrigen Bemühungen des Yetzer, mit denen er die Herzen der Menschen zu verführen versucht. Deshalb hat die Tora einen allgemeinen Grundsatz aufgestellt, der alles einschließt: "Du sollst deinen Nächsten lieben wie dich selbst" (Vayikra 19,18) - "wie dich selbst", ohne jeden Unterschied, "wie dich selbst" ohne jede Unterscheidung, ohne Strategien und Tricks, wörtlich "wie dich selbst".

EIDE: Was die Eide betrifft, obwohl normalerweise jeder, der nicht von der rüpelhaften Sorte ist, sich davor hütet, G-ttes Namen vergeblich auszusprechen, und sicherlich noch mehr bei den Eiden, so gibt es doch einige kleine Ableger dieser Sünde, die, obwohl sie nicht zu den schwersten Sünden gehören, es dennoch für jemanden, der sauber sein will, angebracht ist, sich vor ihnen zu hüten.

So sagen die Weisen im Talmud (Schawuot 36a): "R. Eleazar sagte: 'Nein' ist ein Eid; 'Ja' ist ein Eid... Raba sagte: Aber nur, wenn er zweimal 'Nein! Nein!' sagte; oder er sagte zweimal 'Ja! Ja!'".

Ähnlich sagten sie (Bava Metzia 49a): "[Was lehrt der Vers (Vayikra 19:36):] 'Ein gerechtes Hin [sollst du haben', ist doch 'Hin' in 'Ephah' enthalten?] [Antwort] es soll dich lehren, dass dein 'Ja' [hen] gerecht sein soll und dein 'Nein'! [Abaye sagte: Das bedeutet, dass man nicht eine Sache mit dem Mund und eine andere mit dem Herzen sagen darf]".

LÜGEN: Auch die Lüge ist eine böse Krankheit, die sich weit unter den Menschen ausgebreitet hat. Es gibt verschiedene Stufen davon.

Es gibt Menschen, deren Beruf die Lüge ist. Das sind diejenigen, die umhergehen und sich komplette Lügen ausdenken, um die soziale Konversation zu steigern oder um als intelligent und wissend zu gelten. Über diesen Typus steht geschrieben: "Lügenlippen sind G-tt ein Gräuel" (Mischlei 12:22). Und auch "deine Lippen sprechen Lügen, deine Zunge murmelt Perversität" (Jesaja 59,3). Unsere Weisen seligen Andenkens haben ihr Urteil bereits gefällt: "Vier Klassen von Menschen empfangen nicht die g-ttliche Gegenwart" (Sanhedrin 103a, Sota 42a), und eine davon ist die Klasse der Lügner.

Es gibt noch andere Lügner, die der ersten Gruppe vom Niveau her ähnlich sind, aber nicht genau wie sie. Nämlich diejenigen, die in ihren Berichten und Aussagen lügen. Der Beruf dieser Leute besteht nicht darin, herumzugehen und Geschichten und Taten zu erfinden, die es weder gab noch geben wird. Aber wenn sie über etwas berichten wollen, mischen sie jede Lüge hinein, die ihnen gerade einfällt. Sie gewöhnen sich daran, bis es Teil ihrer Natur wird. Das sind die Lügner, deren Wort nicht zu glauben ist. Dies entspricht dem, was unsere Weisen seligen Andenkens sagten: "Die Strafe für einen Lügner ist, dass man ihm nicht zuhört, auch wenn er die Wahrheit sagt" (Sanhedrin 89b). Denn dieses Übel hat sich so in ihre Natur eingegraben, dass ihre Worte ihren Mund nicht frei von Falschheit verlassen können. Darüber hat der

Prophet geklagt und gesagt: "Sie haben ihre Zunge gelehrt, Lügen zu reden, sie werden müde, Ungerechtigkeit zu begehen" (Yirmiya 9:4).

Es gibt noch andere, deren Krankheit milder ist als die der ersten [zwei]. Nämlich diejenigen, die nicht so sehr in der Lüge verhaftet sind, aber auch nicht darauf bedacht sind, sich von ihr zu distanzieren. Sie lügen, wenn sich die Gelegenheit bietet, oft in scherzhafter Weise oder ähnlichem, ohne böse Absicht.

Aber der weiseste aller Menschen (Shlomo) hat uns gelehrt, dass all dies dem Willen des Schöpfers, gepriesen sei Er, und den Eigenschaften Seiner Frommen widerspricht, wie geschrieben steht: "Der Gerechte hasst ein falsches Wort" (Mischlei 13:5). Das ist es auch, was die Tora uns befiehlt: "Halte dich fern von einer falschen Sache" (Schemot 23:7). Beachten Sie, dass der Vers nicht sagt: "Hüte dich vor Falschheit", sondern "halte dich fern von Falschem", um uns darauf aufmerksam zu machen, wie weit man sich von Falschem distanzieren und fliehen muss, wie es in der Schrift heißt: "Der Rest Israels soll keine Ungerechtigkeit tun und keine Lügen reden, und eine betrügerische Zunge soll nicht in seinem Mund gefunden werden" (Tzefania 3:13).

Und unsere Weisen, gesegneten Andenkens, sagten: "Das Siegel des Heiligen, gepriesen sei Er, ist die Wahrheit" (Schab.55a). Wenn "Wahrheit" das ist, was der Heilige, gesegnet sei Er, als Sein Siegel erwählt hat, wie sehr muss Ihm dann zweifellos das Gegenteil davon ein Gräuel sein!

Der Heilige, gepriesen sei Er, ermahnte uns sehr, die Wahrheit zu sprechen, wie zum Beispiel: "Ein jeder soll seinem Nächsten die Wahrheit sagen" (Sach.8:16). Und "in Barmherzigkeit wird der Thron errichtet werden, und er wird in Wahrheit darauf sitzen" (Jesaja 16,5). Und "denn er sprach: Sie sind mein Volk, Söhne, die nicht lügen werden" (Jesaja 63,8) - was uns lehrt, dass das eine vom anderen abhängt.

Und "Ich bin nach Zion zurückgekehrt und will in Jerusalem wohnen, und man wird Jerusalem die Stadt der Wahrheit nennen" (Sacharja 8,3) - um seine Bedeutung zu unterstreichen. Und unsere Weisen seligen Andenkens sagten (Makot 24a): "'der die Wahrheit in seinem Herzen spricht' (Tehilim 15,2), wie Rav Safra..." Um Ihnen zu zeigen, wie weitreichend die Verpflichtung zur Wahrheit ist.

Die Weisen verbieten einem Toragelehrten, sein Wort zu ändern, außer in drei Dingen.

Die Wahrheit ist eine der Säulen, auf denen die Welt steht (Avot 1:18). Deshalb ist jemand, der die Unwahrheit sagt, so, als würde er das Fundament der Welt wegreißen, und umgekehrt ist jemand, der es mit der Wahrheit genau nimmt, so, als würde er das Fundament der Welt aufrechterhalten.

Unsere Weisen seligen Andenkens berichteten (Sanhedrin 97a) von einer Stadt, deren Bewohner so sehr auf die Wahrheit achteten, dass der Engel des Todes keine Herrschaft über sie hatte. Aber weil die Frau eines gewissen Rabbiners ihr Wort änderte, obwohl ihre Absicht gut war, begann der Todesengel über sie zu herrschen. Sie vertrieben sie deshalb von dort, und ihre frühere Ruhe war wiederhergestellt.

Es ist nicht nötig, dieses Thema weiter auszuführen, denn die Vernunft gebietet es und das Wissen zwingt es.

SCHÄNDUNG DES NAMENS G-ttes (Chilul Ha-shem): Die Verzweigungen der Sünde der "Entweihung von [G-ttes] Namen" (Chillul Ha-shem) sind ebenfalls zahlreich und groß. Denn der Mensch muss sehr um die Ehre seines Fürsten besorgt sein. Bei allem, was er tut, muss er sehr darauf achten, dass nicht etwas dabei herauskommt, das die Ehre des Himmels entweiht, G-tt bewahre.

Wir haben gelernt: "Ob man aus Versehen gehandelt hat oder ob man absichtlich gehandelt hat, es ist alles ein und dasselbe, wenn das Ergebnis die Entweihung des Namens G-ttes ist" (Avot 4:4).

Unsere Weisen, gesegneten Andenkens, lehrten: "Was ist eine Entweihung des Namens? Rav sagte: Wenn ich zum Beispiel Fleisch vom Metzger nehme und ihn nicht sofort bezahle... sagte Rabbi Jochanan: In meinem Fall [ist es eine Entweihung, wenn] ich vier Ellen ohne Tora und Tefillin gehe." (Yoma 86a).

Die Erklärung dafür ist, dass jeder Mensch je nach seinem Rang und je nachdem, wie er in den Augen seiner Generation angesehen ist, darauf achten muss, nicht etwas zu tun, was sich für jemanden wie ihn nicht gehört. Je größer seine Bedeutung und Weisheit ist, desto mehr muss er seine Wachsamkeit und Sorgfalt im G-ttesdienst erhöhen. Wenn er das nicht tut, siehe, dann wird der Name des Himmels durch ihn entweiht werden, G-tt bewahre. Denn es ist eine Ehre für die Tora, dass derjenige, der das Studium der Tora vermehrt, auch die

Rechtschaffenheit und die Verfeinerung der Charaktereigenschaften vermehrt. Jeder Mangel daran unter denen, die das Studium der Tora vermehren, bringt Schande über das Studium selbst. Dies ist, G-tt bewahre, eine Entweihung des Namens G-ttes, gepriesen sei Er, der uns seine heilige Tora gegeben hat und uns befohlen hat, in ihr zu arbeiten, um durch sie unsere Vollkommenheit zu erreichen.

SCHABBAT- UND FEIERTAGSHALTUNG: Die Einhaltung des Sabbats und der Feiertage ist ebenfalls streng, denn die Gesetze sind sehr zahlreich. So sagten unsere Weisen: "Dies ist ein großes Gesetz des Sabbats" (Schab.12a).

Auch die Schewut (Ruhe) ist, obwohl sie rabbinisch ist, ein wichtiges Prinzip, wie die Weisen sagten: "Lasst [das Prinzip] der Schewut (Ruhe) niemals leichtfertig in euren Augen sein. Denn das Handauflegen [auf ein Opfer für einen Festtag] ist nur wegen der Schewut [verboten], und doch haben die größten Männer des Zeitalters darüber debattiert" (Chagigah 16b).

Die Einzelheiten dieser Gesetze werden von den halachischen Entscheidungsträgern (Poskim) in ihren Büchern erklärt. Alle diese Details sind für uns alle gleich, was ihre Verpflichtung und die erforderliche Wachsamkeit betrifft. Das, was für die Masse schwer zu beachten ist, ist die Enthaltung von geschäftlichen Tätigkeiten und Gesprächen. Dieses Verbot wird mit den Worten des Propheten (Jesaja 58,13) ausgedrückt: "Wenn du es ehrst, so enthalte dich deiner eigenen Wege, gehe nicht deinen Geschäften nach und rede nicht über sie". Der allgemeine Grundsatz lautet, dass alles, was am

Schabbat verboten ist, auch verboten ist, danach zu streben oder darüber zu sprechen.

So verbieten unsere Weisen, dass man sein Eigentum untersucht, um zu sehen, was man für den morgigen Tag braucht (Schab.150a), oder dass man an die Grenze der Provinz geht, um nach Einbruch der Dunkelheit schnell ins Badehaus zu gehen (Eruvin 39a). Und die Weisen verbieten es, zu sagen: "Ich werde morgen dies und jenes tun", "oder diese und jene Ware werde ich morgen kaufen" (ebd.), oder ähnliches.

Bisher habe ich über einige der Mitzvot gesprochen, bei denen wir die meisten Menschen stolpern sehen. Von diesen können wir das, was wir gelernt haben, auf alle anderen negativen Gebote anwenden. Denn es gibt kein Verbot der Tora, das nicht Verzweigungen und Details enthält, manche mehr, manche weniger streng. Jemand, der nach Reinheit strebt, muss in allen von ihnen sauber und rein sein.

Unsere Weisen sagten bereits (Shir HaShirim Raba 6:6): "'Eure Zähne sind wie eine Herde Mutterschafe [nicht eines von ihnen hat seine Jungen verloren]' - so wie ein Mutterschaf bescheiden ist [so waren auch die Israeliten bescheiden und tugendhaft im Krieg mit Midian], sagte Rav Huna im Namen von Rav Acha: 'nicht einer von ihnen hat den Kopf-Tefilin vor dem Arm-Tefilin angelegt. Denn wenn einer von ihnen das getan hätte, hätte Mosche sie nicht gelobt, und sie wären nicht in Frieden aus diesem Krieg hervorgegangen".

Wie gesagt: "Wer zwischen 'Jischtabach' und 'Jotzer'

spricht, hat eine Sünde auf seiner Hand, und er verlässt das Schlachtfeld deswegen" (Shulchan Aruch O.C. 51:4).

Du siehst also, wie weit die Akribie und Sauberkeit in den eigenen Taten wirklich gehen muss.

SAUBERKEIT IN DEN CHARAKTEREIGENSCHAFTEN: So wie Sauberkeit für die Taten notwendig ist, so ist auch Sauberkeit für die Charaktereigenschaften notwendig. Man kann fast sagen, dass Reinheit in den Charaktereigenschaften schwieriger zu erlangen ist als in den Taten. Denn die menschliche Natur beeinflusst die Charaktereigenschaften mehr als die Taten, und das natürliche Temperament und die Veranlagung eines Menschen können in diesem Bereich entweder sehr hilfreich oder sehr hinderlich sein. So wird jeder Krieg, der gegen die eigene Natur geführt wird, zu einer wütenden Schlacht. Das ist es, worauf sich unsere Weisen bezogen, als sie sagten: "Wer ist mächtig? Derjenige, der seine Neigung (Yetzer) bezwingt" (Avot 4:1).

Die Charaktereigenschaften sind sehr zahlreich. So wie es viele verschiedene Handlungen gibt, die ein Mensch in der Welt tun kann, so gibt es auch [viele] Charaktereigenschaften, denn die Handlungen eines Menschen richten sich nach ihnen.

Aber so wie wir nur die Mitzwot besprochen haben, die am notwendigsten sind, nämlich die, in denen der Mensch gewohnheitsmäßig stolpert, so werden wir auch bei den Charaktereigenschaften die primären Eigenschaften ausführlicher besprechen, weil wir uns an sie gewöhnt haben. Das sind Arroganz, Zorn, Eifersucht und Lust.

Dies sind alles böse Eigenschaften, deren Bösartigkeit offenkundig und bekannt ist. Es bedarf keines Beweises, um dies zu belegen, denn sie sind sowohl an sich als auch in ihren Folgen böse. Sie liegen alle außerhalb des Bereichs des Verstandes und der Weisheit, und jede von ihnen reicht für sich allein aus, um einen Menschen zu schweren Sünden zu verleiten.

Vor Hochmut warnt die Heilige Schrift ausdrücklich mit den Worten: "Dann wird dein Herz hochmütig werden, und du wirst den Herrn, deinen G-tt, vergessen" (Devarim 8:14).

Über Zorn sagten unsere Weisen seligen Andenkens (Schab.105b, Zohar 3:179): "Jeder, der zornig wird, sollte in euren Augen als jemand betrachtet werden, der Götzen anbetet".

Über Eifersucht und Lust haben wir ausdrücklich gelernt: "Eifersucht, Begierde und Ehre entfernen einen Menschen aus der Welt" (Avot 4:21).

Das gründliche Studium, das in Bezug auf sie notwendig ist, muss so sein, dass man ihnen und all ihren Zweigen entkommt, denn sie sind allesamt wie "entartete Zweige eines fremden Weinstocks" (Yirmiyahu 2:21). Lassen Sie uns über jeden von ihnen einzeln sprechen.

ARROGANZ: Im Allgemeinen geht es bei der Arroganz darum, dass ein Mensch sich selbst Bedeutung zuschreibt und sich einbildet, er sei des Lobes würdig.

Das kann aus vielen verschiedenen Gründen entstehen.

Manche Menschen halten sich für hochintelligent.

Manche halten sich für gutaussehend. Manche halten sich für wichtig oder groß oder weise. Das allgemeine Prinzip der Sache: Wenn jemand glaubt, eines der guten Dinge der Welt zu besitzen, ist er in unmittelbarer Gefahr, in diese Grube der Arroganz zu fallen.

Aber wenn ein Mensch sich in seinem Herzen festgesetzt hat, dass er wichtig und rühmenswert ist, werden die Folgen dieses Gedankens nicht nur eine Sache sein. Vielmehr werden sich daraus viele verschiedene, zum Teil sogar gegensätzliche Auswüchse ergeben. Aber sie alle entstammen einer Ursache und führen zum selben Ziel.

Seht, es gibt eine Art von hochmütigem Menschen, der sich einredet, da er aufgrund seiner Eigenschaften lobenswert und einzigartig ausgezeichnet ist, wie er sich einbildet, sei es angemessen, dass er sich auch einzigartig ausgezeichnet und langsam verhält. Ob er geht oder sich setzt oder aufsteht, ob er spricht oder gestikuliert oder ob er alle seine Taten vollbringt, er wird nur auf eine sehr langsame Weise gehen, wobei die Zehen die Ferse berühren. Er wird nur in einer liegenden Weise sitzen. Er wird sich nur langsam erheben, wie eine Schlange.

Er wird nicht mit jedem sprechen, sondern nur mit den ehrenwerten Menschen, und selbst mit ihnen wird er nur kurze Sätze wie die Terafim sprechen. In all seinen übrigen Handlungen, in seinen Bewegungen, seinen Taten, seinem Essen und Trinken, seiner Kleidung und in all seinen anderen Handlungen wird er sich so schwerfällig verhalten, als wäre sein ganzes Fleisch aus Blei und seine Knochen aus Stein oder Sand.

Messilat Yesharim Kapitel Elf

Es gibt noch eine andere Art von arrogantem Menschen, der meint, er sei des Lobes würdig und besitze viele überlegene Tugenden, deshalb müsse er die Erde zum Beben bringen, so dass alle vor ihm erzittern. Er wird nicht zulassen, dass Menschen zu ihm durchdringen, um mit ihm zu sprechen oder ihn um etwas zu bitten. Und wenn sie es wagen, zu ihm hinaufzusteigen, wird er sie mit seiner Stimme verwirren und sie mit dem Hauch seiner Lippen verwirren, indem er ihnen barsch antwortet. Sein Gesicht wirkt stets mürrisch.

Es gibt einen anderen arroganten Menschen, der in seinem Herzen denkt, dass er bereits so groß und angesehen ist, dass Ehre untrennbar mit ihm verbunden ist und er sie überhaupt nicht braucht. Um dies den anderen zu zeigen, tut er Taten wie ein Demütiger, während er seine Eigenschaften verkündet und versucht, äußerst bescheiden und absolut demütig zu erscheinen. Aber sein Herz schwillt in ihm an und sagt: "Ich bin so erhaben und so ehrenhaft, dass ich keine Ehre mehr brauche. Ich kann genauso gut auf sie verzichten, denn sie ist schon reichlich in mir vorhanden".

Ein anderer arroganter Mensch möchte für seine Qualitäten sehr berühmt und in seiner Art einzigartig sein, so dass es ihm nicht genügt, von der ganzen Welt für die Tugenden, die er zu haben glaubt, gelobt zu werden. Vielmehr möchte er, dass man ihn noch mehr dafür lobt, dass er der Bescheidenste der Bescheidenen ist. Daher ist dieser Mensch stolz auf seine Demut und möchte, dass man ihn dafür lobt, dass er vor ihr zu fliehen scheint. Diese arrogante Person wird ihren Platz unter denen einnehmen, die einen viel niedrigeren Status haben als sie selbst, oder unter den Menschen, die in Ungnade gefallen sind, weil sie denkt, dass sie dadurch absolute Demut zeigt. Er wünscht sich keine großen Titel und lehnt jedes Lob ab, während er zu sich selbst sagt: "Es gibt auf der ganzen Welt keinen weiseren und demütigeren Menschen als mich".

Solche arroganten Menschen mögen zwar demütig erscheinen, aber es fehlt nicht an Stolpersteinen, die ohne ihr Wissen ihren Hochmut offenbaren wie die Flamme, die zwischen Scherben hervorbricht. Unsere Weisen seligen Andenkens haben dazu bereits eine Analogie gezogen: "Dies ist wie ein Haus, das mit Stroh gefüllt ist. Die Wände hatten Risse, durch die das Stroh eindrang. Nach einigen Tagen begann das Stroh in den Rissen nach außen zu treten. So erkannte jeder, dass das Haus voller Stroh war" (Bamidbar Rabba 18:17).

Auch hier sind diese arroganten Männer nicht in der Lage, sich immer zu verstecken. Ihre bösen Gedanken werden durch ihre Taten sichtbar. Ihr Verhalten ist von falscher Demut und trügerischer Niedrigkeit geprägt.

Man kann auch andere arrogante Menschen finden, deren Arroganz in ihrem Herzen verborgen bleibt. Sie werden ihn nicht in Taten zum Ausdruck bringen, aber sie werden in ihren Herzen denken, dass sie bereits große Weise sind, die die Dinge in ihrer wahren Tiefe kennen, und dass nicht viele jemals Weisheit wie sie erlangen werden. Deshalb werden sie den Worten anderer keine Beachtung schenken und denken, dass alles, was für sie schwer zu verstehen ist, für andere nicht leicht sein wird. Ebenso werden sie denken, dass das, was ihnen ihr Verstand diktiert, für sie so klar und offensichtlich ist, dass es nicht nötig ist, die Ansichten derer zu berücksichtigen, die nicht mit ihnen übereinstimmen, weder die Ansichten der frühen Weisen noch die der späteren. Sie haben keinen Zweifel an ihrer Argumentation.

All diese genannten Fälle rühren von der Überheblichkeit her, die die Weisen zurückwirft und sie töricht macht und die Herzen der Höchsten in der Weisheit verdirbt.

Wie viel mehr gilt das für die Schüler [der Weisen], die nicht ausreichend von den Weisen gelernt haben, so dass ihre Augen fast offen sind und sie sich bereits für gleichwertig mit den Weisesten der Weisen halten.

Über sie alle steht geschrieben: "Ein stolzes Herz ist G-tt ein Gräuel" (Mischlei 16:5). Wer den Charakterzug der Reinheit erreichen will, muss sich von all diesen Eigenschaften reinigen. Er muss wissen und verstehen, dass Arroganz buchstäblich eine Blindheit ist, bei der der Intellekt eines Menschen seine eigenen Unzulänglichkeiten nicht sieht und seine eigene Niedrigkeit nicht erkennt.

Denn wenn ein Mensch fähig wäre, die Wahrheit zu sehen und wahrzunehmen, würde er sich zurückziehen und weit weg von all diesen bösen und krummen Wegen gehen. Wir werden dies mit G-tt's Hilfe weiter erörtern, wenn wir zu der Eigenschaft der Demut kommen, die wegen der großen Schwierigkeit, sie zu erlangen, unter die letzte der Eigenschaften in der Leiter von Rabbi Pinchas ben Yair gesetzt wurde.

ZORN: Lassen Sie uns nun über den Zorn sprechen. Es gibt eine zum Zorn neigende Person, über die unsere

Messilat Yesharim — Kapitel Elf

Weisen sagten: "Wer zornig wird, ist so, als ob er Götzen anbetet" (Zohar Korach daf 179, Rambam Deos 2:3, Shab.105b). Diese Person wird zornig über alles, was gegen ihren Willen getan wird. Er wird von Zorn erfüllt, bis sein Herz nicht mehr bei ihm ist und sein Urteilsvermögen verloren geht.

Ein solcher Mensch würde ausreichen, um die ganze Welt zu zerstören, wenn er die Fähigkeit dazu hätte. Denn der Verstand beherrscht ihn nicht im Geringsten. Er hat buchstäblich seinen Verstand verloren, wie alle Raubtiere. Über ihn steht geschrieben: "Du, der seine Seele in seinem Zorn zerreißt; soll die Erde deinetwegen verlassen werden?" (Hiob 18,4). Gewiss, er kann leicht jede Sünde in der Welt begehen, zu der ihn sein Zorn treibt, denn er hat keine andere Kraft als seinen Zorn und geht, wohin dieser ihn führt.

Es gibt einen anderen Zornigen, der weit davon entfernt ist. Der Zorn dieses Menschen entzündet sich nicht an jeder kleinen oder großen Sache, die nicht nach seinem Willen geschieht. Aber wenn die Schwelle des Zorns erreicht ist, wird er in großer Wut ausbrechen. Das ist es, was unsere Weisen seligen Andenkens sagten: "schwer zu zürnen und schwer zu besänftigen" (Avot 5:11). Dieser Typus ist gewiss auch sehr böse, denn während seines Zornausbruchs kann ihm großer Schaden zugefügt werden, und er wird nicht mehr in der Lage sein, zu richten, was er krumm gemacht hat.

Es gibt noch einen anderen Zornigen, der weniger schlimm ist als der vorherige. Er gerät nicht so leicht in Zorn, und selbst wenn sein Zorn ausgelöst wird, ist es nur ein kleiner Zorn, und er wird nicht von den Wegen der

Vernunft abweichen. Aber er hegt immer noch seine wütenden Gefühle. Dieser Mensch ist weniger geneigt, Schaden anzurichten als die vorherigen Typen, aber dennoch hat er sicherlich nicht die Reinheit erreicht, denn auch die Wachsamkeit hat er noch nicht erreicht, denn solange der Zorn einen Eindruck auf ihn macht, ist er nicht aus der Kategorie "ein Mensch des Zorns" herausgekommen.

Es gibt einen anderen Typus, der noch weniger als dieser ist. Dieser Mensch ist schwer zu erzürnen, und sein Zorn schadet und zerstört nicht. Vielmehr ist es ein kleiner Zorn. Wie lange hält sein Zorn an? Sie dauert nur einen Augenblick und nicht länger. Von dem Zeitpunkt an, an dem die natürliche Erregung seines Zorns geweckt wird, bis zu dem Zeitpunkt, an dem sich sein Verstand gegen ihn erhebt. Das ist es, was unsere Weisen seligen Andenkens zu sagen pflegten: "schwer zu zürnen und leicht zu besänftigen". Seht, das ist gewiss ein guter Teil, denn es liegt in der menschlichen Natur, zum Zorn gereizt zu werden, und wenn man ihn überwindet, so dass er sich selbst im Augenblick des Zorns nicht sehr stark entzündet, und wenn er ihn überwindet, so dass selbst diese kleine Menge an Zorn nicht lange in ihm verweilt, sondern schnell vorübergeht und vergeht - dann ist er gewiss des Lobes würdig.

Unsere Weisen seligen Andenkens sagten (Chullin 89a):"'der die Erde an nichts hängt (belima)' (Iyov 26:7) - [die Erde bleibt bestehen durch das Verdienst von] jemandem, der seinen Mund während eines Streits zurückhält (bolem)". Das heißt, seine Natur hat ihn zum Zorn gereizt, und indem er sich dagegen wehrt, zügelt er seine Zunge.

Das Niveau von Hillel dem Älteren lag jedoch über all dem, denn er regte sich über nichts auf, und nicht einmal ein Anflug von Zorn regte sich in ihm. Dies ist sicherlich jemand, der absolut frei von Zorn ist.

Unsere Weisen seligen Andenkens warnten uns, nicht einmal um einer Mitzwa willen wütend zu werden (siehe Schab.34a, 105b), nicht einmal ein Lehrer mit seinem Schüler oder ein Vater mit seinem Sohn. Das heißt nicht, dass er sie nicht züchtigen sollte, sondern er sollte sie sehr wohl züchtigen, nur nicht aus Zorn, sondern mit keinem anderen Ziel, als sie auf den richtigen Weg zu führen. Jegliche Wut, die er ihnen gegenüber zeigt, sollte nur aus dem Gesicht kommen, nicht aus der Wut des Herzens. Shlomo sagte: "Seid nicht schnell in eurem Geist, um zornig zu werden [denn der Zorn ruht im Herzen der Narren]" (Kohelet 7:9), und es steht geschrieben: "Denn Zorn tötet den Narren" (Ijow 5:2), und unsere Weisen seligen Andenkens sagten: "An drei Dingen erkennt man einen Menschen: an seinem Becher, an seinem Geldbeutel und an seinem Zorn" (Eruvin 65b).

EIFERSUCHT: Auch Eifersucht ist nichts anderes als Unverständnis und Torheit. Denn der eifersüchtige Mensch gewinnt nichts für sich selbst und fügt demjenigen, auf den er eifersüchtig ist, keinen Schaden zu. Er fügt nur sich selbst Schaden zu, wie es in dem erwähnten Vers heißt: "Eifersucht tötet den Törichten" (Ijow 5:2).

Es gibt Menschen, deren Torheit so groß geworden ist, dass sie innerlich verrotten, wenn sie etwas Gutes von ihrem Mitmenschen sehen. Er macht sich so viele Sorgen und leidet so sehr, dass selbst die guten Dinge, die er besitzt, ihm keine Freude mehr bereiten, weil es ihn schmerzt, was er in den Händen seines Nächsten sieht. Das ist es, was der weise Mann sagte: "Eifersucht ist die Fäulnis der Gebeine" (Mischlei 14:30).

Es gibt andere Typen, die nicht so sehr unter der Eifersucht leiden und schmerzen. Aber sie empfinden dennoch ein gewisses Leiden oder zumindest eine gewisse Abkühlung des Geistes, wenn sie sehen, dass jemand in eine höhere Position aufsteigt, es sei denn, es handelt sich um einen ihrer geliebten und engsten Freunde. Umso mehr wird er [Leiden] empfinden, wenn er die Person nicht so sehr mag, und noch mehr, wenn es ein Fremder aus einem fremden Land ist.

Es ist möglich, dass du sie Dinge sagen siehst, als ob sie glücklich und dankbar für sein Glück wären, aber ihr Herz fühlt sich schlecht an. Das ist etwas, das den meisten Menschen widerfährt. Denn auch wenn sie nicht von Eifersucht überwältigt sind (wie die erste Gruppe), so sind sie doch nicht völlig frei von ihr. Dies geschieht vor allem dann, wenn es jemand ist, der in seinem eigenen Beruf erfolgreich ist, denn "jeder Handwerker hasst seinen Kollegen" (Bereishis Raba 19:2), und das umso mehr, wenn dieser erfolgreicher ist als er selbst.

Wenn sie aber wüssten und verstünden, dass "niemand das, was für seinen Mitmenschen bestimmt ist, auch nur um Haaresbreite antasten kann" (Yoma 38b) und dass alles von G-tt nach Seinem wundersamen Urteil und Seiner unergründlichen Weisheit kommt, hätten sie überhaupt keinen Grund, sich über das Glück ihrer Nachbarn zu ärgern.

Das ist es, was uns der Prophet für das zukünftige Zeitalter voraussagt, dass der Heilige, gepriesen sei Er, zuerst diesen hässlichen Charakterzug aus unseren Herzen entfernen wird, damit das Wohl Israels vollkommen wird. Zu dieser Zeit wird niemand mehr Schmerz empfinden, wenn es einem anderen gut geht, und es wird auch nicht mehr nötig sein, dass ein erfolgreicher Mensch sich und seine Angelegenheiten wegen des Neids anderer verbirgt.

So sagt der Prophet: "Und der Neid Ephraims wird aufhören, und die Widersacher Judas werden ausgerottet werden; Ephraim wird Juda nicht beneiden..." (Jesaja 11,13). Das ist der Friede und die Zufriedenheit unter den dienenden Engeln, die sich alle an ihrem Dienst erfreuen, jeder an seinem Platz, und keiner empfindet irgendeine Eifersucht auf den anderen, denn sie alle kennen die volle Wahrheit, freuen sich über das Gute in ihren Händen und sind glücklich über ihr Los.

LUST AUF REICHTUM UND EHREN: Du wirst feststellen, dass die Schwestern der Eifersucht Begierde und Lust sind. Das ist es, was das Herz eines Menschen bis zum Tag seines Todes ermüdet, wie unsere Weisen sagten: "Kein Mensch stirbt, wenn er die Hälfte seiner Begierden erreicht hat" (Kohelet Raba 1:13).

Die Wurzel der Lust spaltet sich in zwei Hauptzweige. Der erste ist die Gier nach Geld und der zweite die Gier nach Ehre, beide sind sehr böse und bringen dem Menschen viele böse Folgen.

Messilat Yesharim   Kapitel Elf

GELDLUST: Es ist die Geldgier, die den Menschen an die Fesseln dieser Welt bindet und ihm dicke Seile der Arbeit und der Beschäftigung auf die Arme legt, wie die Schrift sagt: "Wer das Geld liebt, wird niemals vom Geld gesättigt werden" (Kohelet 5,9).

Es ist das, was einen Menschen vom Dienst G-ttes abbringt, denn so viele Gebete gehen verloren und so viele Mitzwot werden vernachlässigt, weil man sich zu sehr mit dem Geld beschäftigt und sich zu sehr um den Profit bemüht. Wie viel mehr gilt das für das Torastudium, wie unsere Weisen sagten (Eruvin 55a): "'Es ist nicht über dem Meer' (Devarim 30:13) - bei denen, die geschäftlich über die Meere reisen".

Ähnlich haben wir gelernt: "Auch werden nicht alle, die viele Geschäfte machen, weise" (Avot 2,5). Die Gier nach Geld setzt ihn vielen Gefahren aus und schwächt seine Kraft mit vielen Sorgen, selbst wenn er eine große Menge erreicht hat, wie wir gelernt haben: "Wer den Besitz vermehrt, vermehrt die Sorgen" (Avot 2,7). Es ist die Gier nach Geld, die ihn immer wieder dazu bringt, die Mitzwot der Tora und sogar die natürlichen Gebote der Vernunft zu übertreten.

LUST AUF EHREN: Noch größer ist die Lust auf Ehre. Denn es war dem Menschen bereits möglich, seinen Yetzer (böse Neigung) für Geld und die anderen Vergnügungen zu überwinden, aber die Ehre ist die [letzte] Schwierigkeit. Denn es ist für ihn unmöglich zu ertragen und zu sehen, dass er seinen Altersgenossen unterlegen ist. Darüber sind schon viele gestolpert und verloren gegangen.

Messilat Yesharim   Kapitel Elf

Siehe, Yerovam ben Nevat verlor seinen Anteil an der kommenden Welt nur wegen der Ehre. Dies ist, was unsere Weisen sagten: "Der Heilige, gesegnet sei Er, packte ihn an seinem Gewand und sagte zu ihm: 'Tu Buße, und du und ich und der Sohn von Yishai (David) werden zusammen im Garten Eden wandeln'. Yeravam fragte: 'Wer wird an der Spitze stehen?' G-tt antwortete: 'der Sohn Jischais wird an der Spitze stehen'. Jerawam erwiderte: 'Wenn das so ist, will ich nicht'."

Was verursachte die Zerstörung von Korach und seiner Versammlung? Nur die Ehre, wie es in der Schrift ausdrücklich heißt: "Trachtet ihr auch nach dem Priestertum?" (Bamidbar 16:10). Unsere Weisen sagten uns, dass all dies daraus resultierte, dass Korach sah, wie Elitzafan ben Uziel zum Oberhaupt des Stammes befördert wurde, und er wollte an seiner Stelle Oberhaupt werden (Bamidbar Rabba 18:2).

Und laut unseren Weisen seligen Andenkens war es der Grund, der die Spione dazu veranlasste, schlecht über das Land zu reden, was zu ihrem Tod und dem Tod einer ganzen Generation führte. Sie fürchteten, dass andere ihre Position einnehmen würden, wenn sie in Israel einreisen, und damit ihre Ehre schmälern würden, nämlich dass sie nicht länger Oberhäupter über Israel sein würden (Zohar Bamidbar 158a).

Was veranlasste Schaul, David in einen Hinterhalt zu locken? Nur die Ehre, wie geschrieben steht: "Und die Frauen sangen einander zu, während sie feierten: 'Saul hat seine Tausende erschlagen, und David seine Zehntausende'... Und Saul beäugte David von diesem Tag an" (Schmuel 18:7-9).

Was hat Yoav dazu veranlasst, Amasa zu töten? Nur die Ehre. Denn David sagte zu ihm: "Du sollst alle Tage Befehlshaber des Heeres vor mir sein [anstelle von Yoav]" (Shmuel II 19:14).

Das allgemeine Prinzip: Ehre ist das, was das Herz eines Mannes stärker antreibt als alle anderen Begierden und Wünsche der Welt. Ohne sie würde sich ein Mensch damit begnügen, zu essen, was er kann, zu tragen, was seine Blöße bedeckt, und in einem Haus zu wohnen, das ihn vor Schaden bewahrt. Der Lebensunterhalt würde ihm leicht fallen, und er hätte nicht das Bedürfnis, sich anzustrengen, um Reichtum zu erlangen.

Aber da er es nicht ertragen kann, sich niedriger und geringer als seinesgleichen zu sehen, stellt er sich ganz unter die Dicke des Balkens. So nimmt seine Arbeit kein Ende. Deshalb lehrten uns unsere Lehrer seligen Angedenkens: "Eifersucht, Begierde und Ehre entfernen den Menschen von der Welt" (Avot 4:21), und warnten uns: "Strebe nicht nach Größe für dich selbst, und giere nicht nach Ehre" (Avot 6,5).

Wie viele Menschen hungern sich selbst aus? Wie viele Menschen erniedrigen sich, um ihren Lebensunterhalt von Almosen zu bestreiten, anstatt einen in ihren Augen nicht ehrenhaften Lebensunterhalt zu bestreiten, weil sie eine Beeinträchtigung ihrer Ehre befürchten?! Gibt es keine größere Torheit als diese?

Sie ziehen den Müßiggang vor, der zu Geisteskrankheiten, zu Unmoral (Kesuvos 59b), zu Diebstahl (Schab.33a) und zu allen Wurzelsünden führt, als dass sie ihr Ansehen senken und ihre eingebildete

Ehre schmälern.

Unsere Weisen seligen Andenkens, die uns stets unterwiesen und auf den Pfaden der Wahrheit geführt haben, sagten jedoch: "Liebe die Arbeit und hasse die Rabanut" (Avot 1:10), und weiter "häute Kadaver auf dem Marktplatz und verdiene Lohn und sage nicht: 'Ich bin ein wichtiger Mann, ich bin ein Kohen, [und es ist unter meiner Würde]'" (Pesachim 113a), und weiter "man sollte sich immer für eine Arbeit verpflichten, die ihm fremd ist, anstatt von [der Hilfe] anderer abhängig zu sein" (Bava Basra 110a).

ABSCHLIESSENDE WORTE: Der allgemeine Grundsatz: Das Verlangen nach Ehre ist einer der größten Stolpersteine für einen Menschen, und es ist unmöglich, seinem Herrn die ganze Zeit über ein treuer Diener zu sein, während er um seine eigene Ehre besorgt ist. Denn dann wird er durch diese Torheit die Ehre des Himmels beeinträchtigen müssen. So sagte es König David, Friede sei mit ihm: "Ich werde noch weniger als dieser sein und in meinen eigenen Augen niedrig sein" (Shmuel II 6:22).

Wahre Ehre ist nichts anderes als wahre Kenntnis der Tora. Und ebenso sagten unsere Weisen seligen Andenkens: "Es gibt keine andere Ehre als die Tora, wie es heißt (Sprüche 3:35) 'Die Weisen werden Ehre erben'" (Pirkei Avot 6:3).

Alles andere ist nur eine eingebildete und falsche Ehre, eine Wertlosigkeit, die nichts nützt [Yirmiyahu 16:19]. Es ist richtig, dass derjenige, der nach Reinheit strebt, sich davon vollständig reinigt und läutert. Dann wird er erfolgreich sein.

Seht, bis jetzt habe ich viele Details der Einzelheiten der Reinheit umschrieben. Was hier gesagt wurde, sollte als Beispiel für alle anderen Mitzwot und Eigenschaften dienen: "Der Weise höre und wachse im Lernen, und der Verständige hole sich Rat" (Mischlei 1:5).

Ich kann nicht leugnen, dass das Erreichen der Reinheit ein wenig Anstrengung erfordert. Dennoch möchte ich sagen, dass es nicht so viel Anstrengung erfordert, wie es scheint. Der Gedanke daran ist schwieriger als das Tun. Wenn ein Mensch sich zu Herzen nimmt und sich ständig vornimmt, zu denjenigen zu gehören, die diese gute Eigenschaft besitzen, dann wird es mit ein wenig Gewöhnung viel leichter gehen, als er es sich je vorstellen könnte. Das ist etwas, was die Erfahrung als wahr bezeugen kann.

Messilat Yesharim

Kapitel Zwölf

Erlangen der Sauberkeit

Das wahre Mittel, um Reinheit zu erlangen, ist das fleißige Studium der Worte unserer Weisen seligen Andenkens, sowohl in Fragen der Halacha (jüdisches Gesetz) als auch in Fragen der Mussar (Ethik).

Denn wenn jemand die Verpflichtung zur Reinheit und ihre Notwendigkeit wirklich verstanden hat, wenn er bereits Wachsamkeit und Eifer erlangt hat, indem er sich mit den Mitteln beschäftigt, die er sich aneignet, und sich von ihren Nachteilen distanziert, siehe, dann wird er keine weiteren Hindernisse mehr haben, die ihn daran hindern, Reinheit zu erlangen, außer der Kenntnis der feinen Details der Mitzvot, um allen von ihnen zu folgen.

Daher muss er notwendigerweise eine umfassende Kenntnis der Halachot in ihrer ganzen Tiefe erlangen, um die Reichweite der Zweige der Mitzwot zu kennen.

Da man bei diesen feinen Details zur Vergesslichkeit neigt, muss man fleißig die Bücher studieren, in denen diese feinen Details erklärt werden, um die Erinnerung an sie in seinem Geist zu erneuern. Dann wird er sicherlich dazu gebracht werden, sie zu erfüllen.

Auch was die Charaktereigenschaften betrifft, ist es

notwendig, dass er die Lehren des Mussar liest, sei es von den frühen oder späteren Weisen. Denn sehr oft kann es vorkommen, dass jemand, nachdem er sich entschlossen hat, zu den akribisch Reinen zu gehören, in den Details sündigt, in denen er nie Wissen erlangt hat.

Denn der Mensch wird nicht weise geboren und kann nicht alles wissen. Aber durch das Studium der Dinge wird er auf das aufmerksam, was er nicht wusste, und er wird über das nachdenken, was er vorher nicht begriffen hat, auch über Dinge, die nicht in den Büchern selbst stehen. Denn wenn sein Geist für eine Sache erwacht ist, geht er hin und betrachtet sie aus allen Blickwinkeln und schöpft neue Erkenntnisse aus der Quelle der Wahrheit.

Die Faktoren, die zum Verlust dieser Eigenschaft führen, sind jedoch all jene, die der Eigenschaft der Wachsamkeit abträglich sind, zusätzlich zur mangelnden Kenntnis der Gesetze und der Ethik (Mussarim), wie ich oben schrieb. Unsere Weisen sagten bereits: "Ein unwissender Mensch kann nicht fromm sein" (Avot 2:5). Denn wer nicht weiß, kann auch nicht tun.

Ebenso lehrten sie: "Groß ist das Studium, weil es einen zum Tun bringt" (Kiduschin 40b).

Messilat Yesharim

Kapitel Dreizehn

Die Eigenschaft der Absonderung

Die Trennung ist der Beginn der Frömmigkeit. Alles, was wir bisher erklärt haben, betraf die Voraussetzungen, die ein Mensch braucht, um ein Tzadik (rechtschaffener Mensch) zu werden. Von nun an werden wir die Voraussetzungen besprechen, um ein Chasid (frommer Mensch) zu werden.

Wir stellen fest, dass die Trennung zur Frömmigkeit wie die Wachsamkeit zum Eifer ist. Denn bei ersterem geht es darum, "sich vom Bösen abzuwenden" (Tehilim 34:14), während es bei letzterem darum geht, "Gutes zu tun" (ebd.).

Das allgemeine Prinzip der Trennung ist das, was unsere Weisen seligen Andenkens sagten: "Heilige dich [durch Enthaltung] von dem, was dir erlaubt ist" (Yevamot 20a). Dies ist die Bedeutung des Wortes "Trennung" selbst. Das heißt, sich von der Sache zu trennen und zu distanzieren, indem man sich etwas Erlaubtes verbietet. Die Absicht dabei ist, das Verbot selbst nicht zu verletzen.

Die Absicht ist, dass eine Person sich von allem distanziert und trennt, was zu etwas führen kann, das Böses bewirken könnte, auch wenn es im Moment kein Böses verursacht und auch wenn es selbst nicht böse ist.

Wenn du darüber nachdenkst und die Sache betrachtest, wirst du sehen, dass es hier drei verschiedene Ebenen gibt:

A. Die verbotenen Dinge selbst.

B. Ihre "Zäune", d.h. die Verordnungen und Schutzmaßnahmen, die von unseren Weisen seligen Andenkens für jeden Juden erlassen wurden.

C. Die Distanzierungsmaßnahmen, die jeder Parusch (Mann der Trennung) für sich selbst zu treffen hat, um sich zurückzuziehen und [zusätzliche] persönliche Zäune zu errichten, nämlich sich von den erlaubten Dingen selbst, die nicht für jeden Juden verboten sind, zu enthalten und sich von ihnen zu trennen, um vom Bösen einen großen Abstand zu halten.

Wenn du fragst: Aus welchem Grund sollten wir zusätzliche Verbote aufstellen? Unsere Weisen seligen Andenkens sagten bereits: "Ist euch das, was die Tora verboten hat, nicht genug, dass ihr euch noch weitere Dinge zu verbieten sucht?" (Jeruschalmi Nedarim 9:1). Das, was unsere Weisen in ihrer großen Weisheit für notwendig erachteten, um es zu verbieten und zu verbieten, haben sie bereits getan. Das, was sie als erlaubt belassen haben, ist deshalb erlaubt, weil sie es für richtig hielten, es zu erlauben und nicht zu verbieten.

Warum also sollten wir jetzt neue Verordnungen erlassen, die sie nicht für angebracht hielten? Außerdem hat diese Angelegenheit kein Ende. So würde der Mensch bald verödet und geplagt sein und keinerlei Freude an dieser Welt haben, während unsere Weisen seligen Andenkens sagten: "Ein Mensch wird in der Zukunft vor G-tt Rechenschaft ablegen müssen über alles, was seine Augen gesehen haben und wovon er nicht essen wollte" (Yerushalmi Kidushin 4:12). Und das, obwohl es ihm erlaubt war und er die Fähigkeit hatte, es zu tun. Sie stützen sich dabei auf die Heilige Schrift: "Alles, was meine Augen begehrten, habe ich ihnen nicht vorenthalten" (Kohelet 2,10).

Die Antwort darauf ist, dass die Trennung sicherlich notwendig und wesentlich ist. Unsere Weisen seligen Andenkens haben uns mit diesem Spruch ermahnt (Torat Kohanim 19:2): "'Ihr sollt heilig sein' (Vayikra 19:2) - ihr sollt Peruschim (Männer der Trennung) sein".

Sie sagten weiter: "Wer fastet, wird als 'heilig' bezeichnet; wir können diese Schlussfolgerung aus dem Fall eines Nasir ziehen" (Taanit 11a).

Sie sagten weiter (Pesikta D'Rav Kahana 6:2): "Der Gerechte isst, um seine Seele zu sättigen" - dies bezieht sich auf Chizkijahu, den König von Juda, dessen Mahlzeit aus zwei Bündeln Gemüse und einer Litra Fleisch bestand. Die Juden verspotteten ihn und sagten: 'Das ist ein König?'".

Sie sagten auch über den heiligen Rabeinu HaKadosch, der vor seinem Tod seine zehn Finger erhob und sagte: "Es ist offenbart und Dir bekannt, dass ich keine Freude an dieser Welt hatte, nicht einmal an meinem kleinen Finger."

Sie sagten weiter (Yalkut Shimoni 247:830): "Bevor ein Mensch betet, dass die Worte der Tora in seine Eingeweide eindringen, sollte er zuerst beten, dass Essen und Trinken nicht in sie eindringen".

All diese Aussagen lehren eindeutig die Notwendigkeit der Trennung und ihre Pflicht. In jedem Fall müssen wir die Aussagen, die auf das Gegenteil hindeuten, miteinander in Einklang bringen.

Die Erklärung dafür ist, dass die Angelegenheit sicherlich viele grundlegende Unterscheidungen beinhaltet. Es gibt eine [gute] Trennung, die uns befohlen wird, und eine [schlechte] Trennung, vor der wir gewarnt werden, damit wir nicht stolpern. Das ist es, was König Shlomo sagte: "Sei nicht übermäßig gerecht" (Kohelet 7:16).

Wir werden nun die gute Art der Trennung erklären. Nachdem uns klar geworden ist, dass alle Dinge dieser Welt Prüfungen für den Menschen sind, wie wir zuvor geschrieben und mit Beweisen belegt haben, und nachdem wir auch die große Schwäche des Menschen und seine enge Veranlagung zu allem Bösen wirklich erkannt haben, wird es zwangsläufig klar sein, dass der Mensch alles tun sollte, um sich von diesen Dingen zu verschonen, um sich vor dem Bösen zu schützen, das ihnen zu Füßen liegt. Denn es gibt kein weltliches Vergnügen, das nicht irgendeine Sünde nach sich zieht, die ihm zu Füßen liegt.

Zum Beispiel: Essen und Trinken sind erlaubt, wenn sie von allen Verboten der Ernährung gereinigt sind. Aber wenn man sich den Bauch vollschlägt, wird das himmlische Joch weggenommen, und wenn man Wein trinkt, werden Zügellosigkeit und andere Übel nach sich gezogen. Umso mehr, wenn der Mensch sich angewöhnt, sich mit Essen und Trinken zu sättigen. Denn wenn er dann nur ein einziges Mal seine Gewohnheit nicht erfüllt, wird ihn das sehr schmerzen und stören.

Deshalb stürzt er sich in die Hektik der geschäftlichen Arbeit und des Erwerbs von Besitz, damit sein Tisch so gedeckt ist, wie er es wünscht. Von dort aus wird er weiter zu Unrecht und Diebstahl hingezogen, und von dort aus zum Ablegen von [falschen] Eiden und allen anderen Sünden, die darauf folgen. So entfernt er sich vom G-ttesdienst, vom Studium der Tora und vom Gebet.

Hätte er sich aber von Anfang an nicht zu diesen Vergnügungen hinreißen lassen, so wäre ihm all dies erspart geblieben.

Auf diese Weise sagten unsere Weisen über den rebellischen Sohn: "Die Tora hat sein endgültiges Ergebnis vorausgesehen..." (Sanhedrin 72a).

Ähnlich sagten sie in Bezug auf Zügellosigkeit: "Wer die Sotah in ihrer Schande sieht, sollte ein Nasiräer-Gelübde gegen Wein ablegen" (Sotah 2a).

Beachten Sie, dass dies eine großartige Strategie für einen Mann ist, um sich vor seiner bösen Neigung zu schützen. Denn wenn ein Mensch in eine Sünde verwickelt ist, ist es sehr schwierig für ihn, sie zu besiegen und zu unterdrücken. Deshalb ist es notwendig, dass ein Mensch, solange er noch weit von der Sünde entfernt ist, Abstand hält. Denn dann wird es für die böse Neigung schwierig sein, ihn in die Nähe der Sünde zu ziehen.

Messilat Yesharim   Kapitel Dreizehn

Eheliche Beziehungen sind völlig erlaubt, aber die Weisen ordneten das Untertauchen in einer Mikwe für diejenigen an, die Samenergüsse hatten, damit Toragelehrte nicht häufig mit ihren Frauen wie Hähne sind. Denn auch wenn der eheliche Akt an sich erlaubt ist, prägt er diese Begierde in seine Natur ein, und von dort kann er zum Verbotenen hingezogen werden, wie unsere Weisen sagten: "Es gibt ein kleines Organ im Menschen. Wenn man es sättigt, wird es hungrig. Wenn man es aber aushungert, wird es satt" (Sanhedrin 107a).

Nicht nur das, sondern sie sagten auch zur passenden Stunde und zur richtigen Zeit von Rabbi Eliezer: "Er deckt eine Handbreit auf und verbirgt zwei, und handelt, als ob er von einem Dämon gezwungen würde" (Nedarim 20b), um dann keinen Genuss zu haben.

Was die Kleidung und den Schmuck betrifft, so warnt die Tora nicht vor ihrer Schönheit oder ihrem Stil, sondern nur davor, dass sie keine Mischung aus Wolle und Leinen enthalten und dass sie mit Tzitzit versehen sind. Ansonsten sind sie alle erlaubt.

Aber wer weiß nicht, dass ausgefallene Kleidung und Ornamente den Menschen zur Arroganz verleiten, und auch die Zügellosigkeit mischt sich ein, abgesehen davon, dass sie Eifersucht, Begierde und Unterdrückung anderer hervorruft, die durch das entstehen, was der Mensch für wertvoll hält, um es zu erreichen. Unsere Weisen sagten bereits: "Sobald die böse Neigung einen Mann sieht, der seine Fersen schwingt, seine Kleider glättet und sein Haar kräuselt, sagt sie: Der gehört mir!" (Bereishis Raba 22:6).

Spaziergänge und Unterhaltungen, die nichts Verbotenes zum Inhalt haben, sind nach der Tora durchaus erlaubt. Aber wie viel Vernachlässigung des Torastudiums (bitul Tora) zieht sich danach, wie viel Verleumdung, wie viele Lügen, wie viel Leichtsinn. Und die Schrift sagt: "In der Menge der Worte fehlt die Sünde nicht [aber wer seine Lippen zurückhält, ist weise]" (Mischlei 10:19).

Das allgemeine Prinzip: Da alle Dinge dieser Welt nichts anderes als ernste Gefahren sind, wie könnte derjenige, der ihnen entkommen will und sich bemüht, sich von ihnen zu distanzieren, nicht als lobenswert gelten?

Das ist die gute Art der Trennung, nämlich, dass man von der Welt bei allem Gebrauch, den man von ihr macht, nur das nimmt, wozu man aufgrund der Bedürfnisse seiner Natur gezwungen ist.

Das ist es, was Rebbi Yehuda selbst in der von mir zitierten Aussage lobte, dass er kein Vergnügen aus dieser Welt zog, nicht einmal für seinen kleinen Finger, obwohl er Fürst von Israel war und seine Tafel aufgrund der Würde seiner Position notwendigerweise eine Tafel der Könige war, wie unsere Weisen seligen Andenkens lehrten: "'Zwei Völker sind in deinem Schoß' (Bereischis 25:23) - dies bezieht sich auf Rebbi und Antoninus, von deren Tisch weder im Sommer noch im Winter jemals Salat, Rettich oder Gurken fehlten" (Avodah Zarah 11a). Dies war auch bei Chizkijahu, dem König von Jehuda, der Fall.

Die anderen Lehren, die ich zitiert habe, unterstützen und lehren alle, dass es einem Menschen obliegt, sich von allem zu trennen, was [um des] weltlichen Vergnügens

Messilat Yesharim — Kapitel Dreizehn

willen ist, um nicht in seine Gefahr zu geraten.

Wenn du fragst: Wenn dies so notwendig und wesentlich ist, warum haben die Weisen dies nicht wie die verschiedenen Zäune und Verordnungen verordnet? Die Antwort ist klar und einfach, denn "unsere Weisen erlegen dem Volk keine Verordnung auf, wenn nicht die Mehrheit der Bevölkerung in der Lage ist, sie zu befolgen" (Bava Kama 79b). Die Mehrheit des Volkes ist nicht in der Lage, fromm zu sein, also reicht es für sie aus, dass sie Tzadikim (Gerechte) sind.

Aber die wenigen, die in der Nation übrig bleiben, die die Nähe zu Ihm, gesegnet sei Er, erlangen wollen und durch ihre Errungenschaft dem Rest der Masse, die von ihnen abhängt, zugute kommen - ihnen obliegt es, die Mischna (den Kodex) der Frommen zu erfüllen, die andere nicht zu erfüllen imstande sind.

Diese Pflichten sind die oben erwähnten Befehle der Trennung. Dazu hat G-tt sich entschieden. Denn es ist für das Volk unmöglich, dass jeder Einzelne gleich ist, weil es verschiedene Ränge gibt, jeder nach seinem Verstandesniveau.

Siehe, es sollte wenigstens ein paar wertvolle Individuen geben, die sich vollständig vorbereitet haben, und durch diese wenigen werden auch die Nichtvorbereiteten den Verdienst haben, Seine Liebe, gesegnet sei Er, und die Innewohnung Seiner Schechina (g-ttliche Gegenwart) zu empfangen.

Wie unsere Weisen seligen Andenkens über die vier Arten des Lulav erklärten: "Lass diese kommen und für jene sühnen" (Vayikra Raba 30).

Und wir finden in Bezug auf Elijahu, der Rabbi Jehoschua ben Levi in der Geschichte von Ula, dem Sohn von Koschew, antwortete, als dieser sagte: "Ist das nicht eine Mischna?" Und Elijahu wies ihn zurecht: "Aber ist es eine Mischna für die Frommen?" (Jeruschalmi Terumot 8:10).

Aber die schlechte Art der Trennung ist die der törichten Nichtjuden, die nicht nur darauf verzichten, das Unwesentliche aus der Welt zu nehmen, sondern auch auf das, was wesentlich ist. Sie peinigen ihren Körper mit Leiden und seltsamen Qualen, die G-tt gar nicht will. Im Gegenteil, unsere Weisen sagten: "Es ist dem Menschen verboten, sich selbst zu betrüben" (Taanit 22b). Und bezüglich der Wohltätigkeit sagten sie: "Wer nehmen muss, aber nicht nimmt, ist wie einer, der Blut vergießt" (Yerushalmi am Ende von Peah). Und ebenso legten sie aus: "'eine lebendige Seele' - die Seele, die ich dir gegeben habe, halte sie am Leben" (Taanit 22b). Und "wer im Fasten sitzt, wird ein Sünder genannt" (Taanit 11b), was sie als einen Fall qualifizierten, in dem eine Person nicht in der Lage ist, es zu ertragen.

Und Hillel würde den Vers anwenden: "Der fromme Mensch tut seiner Seele Gutes" (Mischlei 11) auf das Essen der Morgenmahlzeit. Er wäscht auch sein Gesicht und seine Hände zu Ehren seines Schöpfers, was er von der Praxis des Waschens der Statuen der Könige ableitet" (Vayikra Rabba 34).

Hier ist also ein wahrer allgemeiner Grundsatz: Was immer an weltlichen Dingen für einen Menschen nicht wesentlich ist, so soll sich sich davon trennen, denn wenn er sich nicht sich davon trennt - ist er ein Sünder, da diese Sache für ihn notwendig ist.

Seht, das ist eine treue Richtschnur. Aber die Abwägung dieser Regel ist eine Sache des individuellen Urteils und "nach seinem Verstand wird ein Mensch gelobt" (Mischlei 12,8). Denn es ist unmöglich, alle Einzelheiten der Trennung zu erörtern, denn sie sind so zahlreich, dass der Verstand eines Menschen sie nicht alle erfassen kann. Vielmehr muss jede Angelegenheit zu ihrer Zeit behandelt werden.

Messilat Yesharim

Kapitel Vierzehn

Die Unterteilungen der Absonderung

Es gibt drei Hauptbereiche der Absonderung: Es gibt die Absonderung in Bezug auf die Vergnügungen, die Absonderung in Bezug auf die Gesetze und die Absonderung in Bezug auf die Verhaltensweisen.

Die Absonderung in Bezug auf die Vergnügungen ist das, was wir im vorherigen Kapitel besprochen haben. Nämlich nichts von der Welt zu nehmen, außer dem, was die Notwendigkeit erzwingt. Dies umfasst alles, was für einen der Sinne angenehm ist, sei es durch Essen, eheliche Beziehungen, Kleidung, Spazierengehen, Zuhören oder in allen anderen ähnlichen Angelegenheiten - daran nur an Tagen teilzunehmen, an denen ihr Genuss eine Mitzwa ist.

Die Absonderung in den Gesetzen bedeutet, immer streng in ihnen zu sein. Sich sogar für die Ansicht der Einzelmeinung zu interessieren, wenn ihr Grund begründet ist, obwohl die Halacha dieser Meinung nicht folgt. Die Bedingung ist jedoch, dass seine Strenge nicht zu einer Nachsicht wird.

Ebenso soll man in Zweifelsfällen streng sein, auch in Situationen, in denen man nachsichtig sein kann. Unsere Weisen seligen Andenkens erklärten die Aussage von

Messilat Yesharim Kapitel Vierzehn

Yechezkel (Chulin 37b) "'siehe, meine Seele wurde nie Tamei (geistig unrein)' (Yechezkel 4:14) - denn ich habe nie das Fleisch eines Tieres gegessen, über das ein Weiser zu herrschen berufen war, noch habe ich jemals das Fleisch eines Tieres gegessen, über das man sagt "schlachtet es, schlachtet es [dringend]". Siehe, all diese Dinge sind nach der Halacha durchaus erlaubt, aber er war streng zu sich selbst und enthielt sich.

Ich habe schon früher erklärt, dass das, was für die breite Masse erlaubt ist, nicht auf die Perushim (diejenigen, die die Absonderung praktizieren) angewandt werden kann, denn es obliegt ihnen, sich von dem zu distanzieren, was abstoßend ist, oder Ähnliches und Ähnliches von Ähnlichem. Wie Mar Ukba sagte: "In dieser Sache bin ich im Vergleich zu meinem Vater wie Essig, der von Wein stammt. Denn wenn mein Vater jetzt Fleisch essen würde, würde er erst morgen zu dieser Stunde Käse essen, während ich [Käse] nicht in der gleichen Mahlzeit esse, sondern in der nächsten Mahlzeit." (Chulin 105a). Es steht außer Frage, dass die Halacha nicht so war, wie sein Vater es tat, denn wenn es so wäre, hätte Mar Ukba nicht dagegen gehandelt. Vielmehr war sein Vater aufgrund seiner Absonderung streng in diesem Punkt. Deshalb würde Mar Ukba sich selbst als "Essig vom Wein" bezeichnen, denn er war in der Absonderung nicht so streng wie sein Vater.

Die Absonderung im Verhalten besteht darin, sich von der Gesellschaft zurückzuziehen und abzusondern, um sein Herz dem g-ttlichen Dienst zuzuwenden und sich darin zu vertiefen. Voraussetzung dafür ist, dass man dabei nicht in das entgegengesetzte Extrem verfällt. Denn schon unsere Weisen seligen Andenkens sagten: "Der Geist eines Menschen sollte sich immer mit anderen verbinden" (Ketuvot 17a). Gleichermaßen sagten sie: "[Was bedeutet der Vers] "Ein Schwert ist über den Prahlern (baddim), und sie werden töricht werden" (Yirmiyahu 50:36) - Ein Schwert ist über den Feinden der Schüler der Weisen, die getrennt [bad bebad] sitzen und Tora studieren. [Mehr noch, sie werden dumm]" (Makot 10a). Vielmehr sollte man sich für die Zeit, die man für sein Torastudium oder seinen Lebensunterhalt benötigt, mit den Guten zusammenschließen und sich danach zurückziehen, um sich an seinen G-tt zu klammern und die Wege der Gerechten und des wahren Dienstes zu erlangen.

Zu dieser [Art der Absonderung] gehört auch, dass man seine Konversation auf ein Minimum beschränkt und sich vor müßigem Gerede hütet, und dass man nicht über seine vier Ellen hinausschaut, und dergleichen, von den [edlen] Dingen, an die sich ein Mensch gewöhnen kann, bis sie ihm zur zweiten Natur werden.

Auch wenn ich dir diese drei Bereiche als kurze allgemeine Grundsätze erzählt habe, kannst du doch feststellen, dass sie viele Tätigkeiten des Menschen umfassen. Und ich habe euch bereits [im letzten Kapitel] gesagt, dass es unmöglich ist, die Einzelheiten ihrer Anwendung darzulegen, weil ein persönliches Urteilsvermögen erforderlich ist, um sie entsprechend der Gerechtigkeit und Wahrheit der allgemeinen Grundsätze richtig anzuwenden.

Messilat Yesharim

Kapitel Fünfzehn

Erlangung der Absonderung

Die beste Art und Weise, die Absonderung zu erlangen, besteht darin, dass der Mensch über die Niedrigkeit der Vergnügungen dieser Welt nachdenkt, über ihre eigentliche Niedertracht und über die großen Übel, die sich daraus ergeben.

Denn das, was die Natur des Menschen so sehr zu diesen Vergnügungen neigt, dass es einer so großen Kraft und so vieler Strategien bedarf, um sich von ihnen zu trennen, ist die Verlockung der Augen, die dazu neigen, durch den oberflächlichen Schein der Dinge, die gut und angenehm zu sein scheinen, verführt zu werden. Diese Verführung ist es, die zur ersten Sünde führte, wie die Schrift bezeugt: "Und das Weib sah, dass der Baum gut zu essen war und dass er den Augen gefiel ... und sie nahm von seiner Frucht und aß" (Bereischis 3,6).

Aber wenn einem Menschen klar wird, dass dieses Gute völlig falsch, eingebildet und vergänglich ist, während sein Böses wirklich real ist oder wahrhaftig in der Nähe liegt, wird er sicherlich davon abgestoßen werden und es nicht im Geringsten begehren. Das ist also alles, was der Mensch seinem Verstand beibringen muss - die Schwäche (Unbedeutsamkeit) dieser Vergnügungen und ihre Falschheit zu erkennen, bis er sich von selbst vor ihnen ekelt und es ihm nicht schwerfällt, sie zu verwerfen.

Die Freude am Essen ist die greifbarste und am meisten empfundene. Doch gibt es etwas, das schneller vergeht als sie? Denn seine Dauer ist so lang, wie das Passieren der Kehle eines Menschen. Nachdem die Nahrung diesen Punkt passiert hat und in die Eingeweide hinabgestiegen ist, verschwindet jede Erinnerung an sie und wird vergessen, als ob sie nie existiert hätte. So wird er genauso gesättigt sein, wenn er gemästete Schwäne gegessen hat, als wenn er grobes Brot in ausreichender Menge verzehrt hätte. Umso mehr, wenn er die vielen Krankheiten bedenkt, die durch das Essen hervorgerufen werden, und zumindest die Schwere, die man nach einer Mahlzeit empfindet, und die Dämpfe, die den Verstand verdunkeln. Wenn man über all diese Dinge nachdenkt, wird der Mensch gewiss nicht nach diesem Genuss verlangen, denn sein Gutes ist nicht wirklich gut, während sein Böses wirklich böse ist.

Ebenso verhält es sich mit den anderen Vergnügungen dieser Welt. Wenn er über sie nachdenken würde, würde er sehen, dass sogar das eingebildete Gute in ihnen nur eine kurze Zeit andauert, während das Böse, das aus ihnen erwachsen kann, schwer und langwierig ist, so dass kein intelligenter Mensch zustimmen würde, sich diesen bösen Gefahren um ihres kleinen Guten willen auszusetzen. Dies ist offensichtlich.

Wenn man sich daran gewöhnt und ständig über diese Wahrheit nachdenkt, wird man sich langsam, ganz langsam, aus diesem Gefängnis der Torheit befreien, in das ihn die Dunkelheit des Physischen gefesselt hat, und

Messilat Yesharim — Kapitel Fünfzehn

man wird sich nicht mehr im Geringsten von den Verlockungen der falschen Vergnügungen täuschen lassen. Dann wird er sich vor ihnen ekeln und erkennen, dass er von der Welt nichts anderes als das Wesentliche nehmen darf, wie ich bereits erklärt habe.

Aber so wie das Nachdenken über dieses Thema dazu führt, dass man die Eigenschaft der Absonderung erwirbt, so führt auch das Ignorieren dieser Eigenschaft zu deren Nachteil. Die Aristokraten und Wohlhabenden zu besuchen, die der Ehre nachlaufen und die Eitelkeiten vermehren. Denn wenn man ihre Ehre und Pracht sieht, ist es unmöglich, dass die Begierde in ihm nicht geweckt wird, sie zu begehren. Und selbst wenn er nicht zulässt, dass seine böse Neigung ihn besiegt, so wird er doch einem Kampf nicht entgehen und ist somit in Gefahr. Dies ist, wie Shlomo sagte: "Es ist besser, in ein Haus der Trauer zu gehen als in ein Haus des Festes" (Kohelet 7:2).

Wichtiger als alles andere ist die Einsamkeit. Denn wenn er die weltlichen Dinge aus seinem Blickfeld entfernt, dann entfernt er auch die Begierde nach ihnen aus seinem Herzen. König David, Friede sei mit ihm, lobte die Einsamkeit mit den Worten: "Ach, hätte ich doch Flügel wie eine Taube! Ich würde wegfliegen und mich ausruhen; ja, ich würde weit weg wandern; ich würde für immer in der Wüste bleiben" (Tehilim 55,7-8). Und wir erfahren, dass die Propheten Elija und Elisa in den Bergen wohnten, weil sie die Einsamkeit suchten. Und die frühen frommen Weisen seligen Andenkens traten in ihre Fußstapfen. Denn sie hielten die Einsamkeit für den besten Weg, um die Vollkommenheit des Getrenntseins zu erlangen, damit die Eitelkeiten ihrer Nachbarn sie nicht dazu verleiten, ebenfalls eitel zu werden wie sie.

Das, worauf der Mensch bei der Erlangung der Absonderung achten muss, ist, dass er nicht auf einmal in das andere Extrem springen will. Denn das wird sicherlich nicht gelingen. Vielmehr sollte er sich allmählich in die Absonderung hineinbewegen, Stück für Stück, heute ein wenig erwerben und morgen ein wenig mehr hinzufügen, bis er sich so vollständig daran gewöhnt hat, dass es ihm zur zweiten Natur wird.

Messilat Yesharim

Kapitel Sechzehn

Der Charakterzug der Reinheit

Reinheit ist die Zurechtbringung des Herzens und der Gedanken. Wir finden diesen Begriff bei König David, der sagte: "Schaffe in mir ein reines Herz, o G-tt" (Tehilim 51,12).

Es geht darum, dass ein Mensch in seinen Taten keinen Raum für die böse Neigung lässt, sondern dass alle seine Taten von der Seite der Weisheit und der Furcht vor G-tt ausgehen und nicht von der Seite der Sünde und der Lust.

Das gilt sogar für körperliche und materielle Taten. Denn selbst nachdem sich der Mensch in der Absonderung daran gewöhnt hat, nämlich nichts außer dem Wesentlichen aus der Welt zu nehmen, muss er noch sein Herz und sein Denken reinigen, so dass er auch bei dem Wenigen, das er nimmt, keinerlei Absicht auf Vergnügen und Lust hat, sondern vielmehr auf das Gute, das sich aus den Taten ergibt, in Bezug auf Weisheit und g-ttlichen Dienst.

Dies ist so, wie sie über Rabbi Elieser sagten: "Er entblößte eine Handbreit und verbarg zwei, und war wie einer, der von einem Dämon gezwungen wird" (Nedarim 20b). Er hatte keinerlei Vergnügen daran und führte die Handlung nur in der Absicht aus, die Mitzwa und den G-ttesdienst zu erfüllen. Shlomo sagte dazu: "Erkenne Ihn in all deinen Wegen, und Er wird deine Pfade gerade machen" (Mischlei 3:6).

Ihr müsst jedoch wissen, dass genauso wie die Reinheit der Gedanken auf die körperlichen Taten zutrifft, die von Natur aus nahe an der bösen Neigung sind, wobei die Reinheit darin besteht, die körperlichen Taten von der bösen Neigung zu distanzieren, so dass sie nicht von ihr herrühren, so gilt auch die Reinheit der Gedanken für die guten Taten, die nahe am Schöpfer sind, gepriesen sei Er, wobei die Reinheit darin besteht, sich nicht von G-tt zu distanzieren und nicht von der bösen Neigung herrühren. Dies ist die Angelegenheit von "nicht um der Mitzwa selbst willen" (Shelo Lishma), die häufig in den Worten unserer Weisen seligen Andenkens erwähnt wird.

Unsere Weisen seligen Andenkens haben jedoch bereits klargestellt, dass es verschiedene Stufen von "nicht um der Mitzwa selbst willen" (Schelo Lischma) gibt.

Am schlimmsten ist es, wenn jemand überhaupt nicht um des g-ttlichen Dienstes willen dient, sondern um andere zu täuschen und um Geld oder Ehre zu erlangen. Über diese Art von Menschen wurde gesagt: "Es wäre besser gewesen, seine Plazenta hätte sich über sein Gesicht gedreht (wäre im Mutterleib gestorben)" (Yerushalmi Berachot 1:5). Über eine solche Person sagte der Prophet: "Wir sind alle wie ein unreiner Mensch, und alle unsere guten Taten sind wie ein weggeworfenes Kleidungsstück" (Jeschaja 64:5).

Es gibt noch eine andere Art von "nicht um der Mitzwa selbst willen" (Shelo Lishma), nämlich "um der

Belohnung willen" (Avot 1:3). Dazu sagten unsere Weisen: "Ein Mensch sollte sich immer mit der Tora und guten Taten beschäftigen, auch wenn es nicht um ihrer selbst willen ist, denn wenn er das tut, wird er sie um ihrer selbst willen tun" (Pesachim 50b). Wer jedoch noch nicht von "nicht um ihrer selbst willen" (shelo lishma) zu "um ihrer selbst willen" (lishma) gelangt ist, ist noch weit davon entfernt, seine Shelemut (Ganzheit / Vollkommenheit) zu erreichen.

Was jedoch eine tiefere Analyse und größere Arbeit erfordert, ist die Vermischung des Verbotenen, nämlich, dass ein Mensch manchmal eine Mitzwa wirklich um ihrer selbst willen tut, nämlich, dass unser Vater es so angeordnet hat, aber er kann es nicht unterlassen, ein anderes Motiv mit einzubeziehen, wie zum Beispiel, dass andere Leute ihn loben oder dass er eine Belohnung dafür erhält. Manchmal hat er zwar nicht die Absicht, von anderen gelobt zu werden, aber wenn er sich über das erhaltene Lob freut, gibt er sich mehr Mühe, es zu verbessern. Dies ist vergleichbar mit der Geschichte von Rabbi Chanina ben Teradyon's Tochter, die einst anmutig ging. Als sie (die Römer) sagen hörte: "Wie schön dieses Mädchen geht", versuchte sie sofort, sorgfältiger [in ihrer Anmut] zu werden (Avodah Zara 18a). Dieser Zusatz ergab sich also aus dem Ansporn des Lobes, mit dem sie sie lobten.

Obwohl ein solches verbotenes Motiv in seinem geringen Ausmaß [durch die Hauptabsicht] aufgehoben werden kann, ist eine Tat mit einer solchen Mischung dennoch nicht völlig rein. Und so wie man ein Mehlopfer auf dem Altar im irdischen Tempel nicht darbringen kann, wenn es nicht sauber ist, durch dreizehn Siebe gesiebt (Menachot 76b), so dass es völlig rein von allen Unreinheiten ist, so ist es auch unmöglich, auf dem himmlischen Altar, dem ganzen und auserwählten Dienst G-ttes, etwas Gutes darzubringen, wenn es nicht die erlesensten Taten sind, völlig rein von allen Arten von Unreinheiten.

Ich sage nicht, dass alles, was nicht so ist, völlig abgelehnt wird, denn "der Heilige, gesegnet sei Er, hält den Lohn keines Geschöpfes zurück" (Pesachim 118b), aber Er belohnt die Taten nach dem, was sie sind. Ich beziehe mich auf den vollkommenen g-ttlichen Dienst (avodah temima), der all jenen zusteht, die G-tt wirklich lieben. Es ist nicht angemessen, ihn mit diesem Namen (avodah temima) zu nennen, außer dem vollkommen reinen Dienst, dessen einziges Motiv G-tt, gepriesen sei Er, ist und nicht irgendetwas anderem. Je weiter jemand von dieser Ebene entfernt ist, desto größer wird auch sein Mangel darin sein.

Das sagte König David, Friede sei mit ihm: "Wen habe ich im Himmel [außer Dir]? Und ohne Dich will ich nichts auf Erden haben" (Tehilim 73,25), und ebenso "Dein Wort ist sehr rein, darum liebt es dein Diener" (Tehilim 119,140). Denn in Wahrheit muss der wahre G-ttesdienst weit mehr gereinigt werden als Gold und Silber. So heißt es über die Tora: "Die Worte G-ttes sind reine Worte, wie Silber, das im Ofen auf der Erde geläutert und siebenmal gereinigt wird" (Tehilim 12,7).

Wer wirklich ein Diener G-ttes ist, wird sich nicht damit zufrieden geben, Ihm nur minimal zu dienen. Er wird sich nicht damit begnügen, Silber zu nehmen, das mit

Schlacke und Blei vermischt ist, das heißt, g-ttlichen Dienst, der mit unreinen Motivationen vermischt ist, sondern nur mit dem Sauberen und Reinen, wie es sich gehört. Dann wird er "einer, der eine Mitzwa so tut, wie es vorgeschrieben ist" genannt werden, von dem unsere Weisen seligen Andenkens sagten: "Wer eine Mitzwa tut, wie sie vorgeschrieben ist, wird keine schlechte Nachricht erhalten" (Schab.63a). Gleichermaßen sagten sie: "Tu [gute] Taten um ihres Schöpfers willen, und sprich von ihnen um ihrer selbst willen" (Nedarim 62a).

Das ist es, was von denen gewählt wird, die G-tt von ganzem Herzen dienen. Denn wer sich nicht mit wahrer Liebe an G-tt klammert, wird die Reinigung dieses Dienstes als sehr mühsam und beschwerlich empfinden. Er wird sagen: "Wer kann dem schon widerstehen? Wir sind physische Geschöpfe, von einer Frau geboren. Es ist unmöglich, eine so große Verfeinerung und Läuterung zu erreichen".

Aber diejenigen, die G-tt lieben, die sich nach Seinem Dienst sehnen, werden sich freuen, wenn sie ihre Treue der Liebe vor Ihm, gepriesen sei Er, unter Beweis stellen und sich darin stärken, sie zu verfeinern und zu läutern. Dies ist die Schlussfolgerung, die David selbst zog, als er sagte: "Dein Wort ist sehr rein, darum liebt es dein Diener" (Tehilim 119:140).

In Wahrheit ist dies das Kriterium, durch das die Diener G-ttes selbst geprüft und in ihren jeweiligen Stufen unterschieden werden. Denn derjenige, der mehr weiß, wie er sein Herz läutern kann, wird auch näher herangezogen und mehr von Ihm geliebt, gepriesen sei Er. Es sind die Alten im Lande, die in diesem Bereich überwunden und gesiegt haben, nämlich die Vorväter und die anderen Hirten, die ihr Herz vor Ihm gereinigt haben. Das ist es, was David seinen Sohn Shlomo ermahnt hat: "[Erkenne den G-tt deines Vaters und diene Ihm mit reinem Herzen und willigem Geist]. Denn der Herr erforscht alle Herzen und versteht alle Einbildungen der Gedanken" (Divrei Hayamim 28:9).

Und wie unsere Weisen, seligen Andenkens, sagten: "G-tt will das Herz" (Sanhedrin 106b).

Denn für den Fürsten der Welt reichen die Taten allein nicht aus, um eine Mitzwa zu erfüllen. Vielmehr ist es vor Ihm von primärer Bedeutung, dass das Herz rein ist, so dass seine Absicht auf wahren Dienst gerichtet ist.

Das Herz ist der König und Beweger aller anderen Teile des Körpers und der Führer über sie alle. Wenn das Herz sich nicht dazu bringt, Ihm zu dienen, gepriesen sei Er, ist der Dienst der anderen Glieder nichts wert. Denn wohin der Geist des Herzens auch geht, sie werden ihm folgen, wie es in der Schrift ausdrücklich heißt: "Gib mir dein Herz, mein Sohn" (Mischlei 23:26).

Messilat Yesharim

Kapitel Siebzehn

Reinheit erlangen

Der Weg, diese Eigenschaft zu erlangen, ist leicht für denjenigen, der sich bereits um alle oben genannten Eigenschaften bemüht und sie erlangt hat. Denn wenn man über die Niedrigkeit der Vergnügungen dieser Welt und ihrer Güter nachdenkt und reflektiert, wie ich vorhin schrieb, wird man sie verachten und sie nur als Übel und Mangel der dunklen und groben physischen Natur betrachten. Wenn die Wahrheit in ihn eindringt, dass sie wirkliche Mängel und Übel sind, wird es ihm sicherlich leichter fallen, sich von ihnen zu trennen und sie aus seinem Herzen zu entfernen.

Je tiefer und eifriger er also in seinen Gedanken die Niedrigkeit des Körperlichen und seiner Vergnügungen erkennt, desto leichter wird es ihm fallen, seine Gedanken und sein Herz zu läutern, so dass er sich in keiner Weise der bösen Neigung zuwendet, in keiner Weise. Vielmehr werden seine körperlichen Taten wie eine gezwungene und nicht wie eine andere sein.

Aber so wie wir die Reinheit der Gedanken in zwei Bereiche unterteilt haben, nämlich die körperlichen Handlungen und die Handlungen des g-ttlichen Dienstes, so unterteilt sich auch die eingehende Betrachtung, die notwendig ist, um in ihnen Reinheit zu erlangen, in zwei

Bereiche.

Um die Gedanken in den körperlichen Handlungen zu läutern, muss man, wie ich geschrieben habe, die Niedrigkeit dieser Welt und ihre Vergnügungen gewissenhaft beobachten. Um die Handlungen des g-ttlichen Dienstes zu läutern, muss man viel über den Betrug der Ehre und ihre Falschheit nachdenken und sich angewöhnen, sie zu meiden.

Dann wird man rein sein vom Streben nach dem Lob und dem Lobpreis anderer Menschen, wenn man G-tt dient. Seine Gedanken werden sich einzig und allein auf unseren Herrn (G-tt) richten, der unser Lobpreis ist und der all unser Gutes und unsere Vollkommenheit ist, und neben dem es nichts anderes gibt, wie es geschrieben steht: "Er ist dein Lobpreis und Er ist dein G-tt" (Devarim 10:21).

Eines der Mittel, die dazu führen, dass ein Mensch diese Eigenschaft erwirbt, ist, sich auf den g-ttlichen Dienst und die Mitzvot vorzubereiten, d.h. nicht plötzlich in die Ausführung einer Mitzva einzutreten. Denn dann ist der Geist noch nicht gefasst und kann nicht darüber nachdenken, was er tut. Vielmehr sollte man sich auf die Sache vorbereiten und sein Herz langsam auf das Nachdenken vorbereiten.

Dann soll er darüber nachdenken, was er tun wird und vor wem er es tun wird. Denn wenn er in diese Betrachtung eintritt, wird es ihm leicht fallen, äußere Motive zu verwerfen und das wahre und wünschenswerte Motiv in sein Herz einzupflanzen.

Man beachte, dass die frommen Männer von früher eine

Stunde vor dem Gebet warteten, um ihr Herz auf G-tt zu richten (Berachot 30b). Es besteht kein Zweifel, dass sie keine Stunde Zeit verschwenden wollten. Vielmehr bereiteten sie ihr Herz auf das Gebet vor, das sie beten mussten, verdrängten fremde Gedanken und füllten sich mit der nötigen Furcht und Liebe zu G-tt. Hierüber steht geschrieben: "Wenn du dein Herz vorbereitet hast, dann breite deine Hände zu Ihm aus" (Iyov 11:13).

Die Nachteile dieser Eigenschaft sind das fehlende Nachdenken über die oben genannten Dinge, nämlich die Unkenntnis der Niedrigkeit der weltlichen Vergnügungen, das Streben nach Ehre und die unzureichende Vorbereitung auf den Dienst G-ttes.

Die beiden erstgenannten locken den Verstand an und ziehen ihn zu Hintergedanken hin, wie eine ehebrecherische Frau, die, während sie noch mit ihrem Mann verheiratet ist, andere Männer nimmt. Hinterhältige Gedanken werden als "Unzüchtigkeit des Herzens" bezeichnet, wie geschrieben steht: "Und ihr sollt nicht nach eurem Herzen und nach euren Augen irren, denen ihr nachlauft (Zonim)" (Bamidbar 15:39). Denn das Herz weicht von dem ganzen Streben ab, dem es eigentlich verpflichtet sein sollte, und wendet sich stattdessen der wertlosen und eingebildeten Falschheit zu.

Eine unzureichende Vorbereitung auf den G-ttesdienst führt dazu, dass die natürliche Torheit, die von der Seite der Körperlichkeit kommt, nicht aus dem eigenen Inneren vertrieben wird. So verdirbt er den g-ttlichen Dienst mit seinem Gestank.

Wir werden nun den Wesenszug der Frömmigkeit erklären.

Messilat Yesharim

Achtzehntes Kapitel

Der Charakterzug der Frömmigkeit

Der Wesenszug der Frömmigkeit bedarf wahrlich einer großen Erklärung. Denn es gibt viele Praktiken und Wege, die unter vielen Menschen als Frömmigkeit kursieren, die aber nichts anderes sind als die Hüllen der Frömmigkeit, denen es an Gestalt, Form und Korrektur fehlt.

Dies rührt daher, dass diese Praktizierenden [der Hüllen der Frömmigkeit] nicht wirklich gründlich studiert und nachgedacht haben. Denn sie haben sich nicht abgemüht und angestrengt, um ein klares und richtiges Wissen über den Weg G-ttes zu erlangen. Stattdessen übernahmen sie die Praktiken, die ihnen auf den ersten Blick als fromm erschienen, ohne sich tief in die Materie zu vertiefen und sie mit der Waage der Weisheit abzuwägen.

Diese Menschen haben der Frömmigkeit in den Augen der meisten Menschen, auch der intelligenten unter ihnen, einen abstoßenden Geruch verliehen, der sie zu der Annahme verleitet, Frömmigkeit bestehe aus törichten Dingen und stehe im Gegensatz zu Intelligenz und gesundem Wissen. Die Massen glaubten, Frömmigkeit bestehe aus nichts anderem als dem Rezitieren zahlreicher Bittgebete und langwieriger Bekenntnisse, großen Klagen und Niederwerfungen, seltsamen Leiden, durch die ein Mensch sich selbst tötet, wie das Eintauchen in Eis [Wasser] und Schnee und dergleichen.

Sie erkennen nicht, dass ein wenig von diesen Dingen für Sünder, die Buße tun, und ein wenig für diejenigen, die sich absondern (Perushim), notwendig sein mag, aber die Frömmigkeit beruht überhaupt nicht auf diesen Dingen. Nur das Gute dieser Praktiken ist geeignet, die Frömmigkeit zu begleiten.

Aber die eigentliche Frömmigkeit selbst erfordert große Tiefe, um sie richtig zu verstehen. Sie basiert auf den Grundlagen großer Weisheit und der größtmöglichen Berichtigung der eigenen Taten, die jeder weise Mensch anstreben sollte. Denn nur die Weisen können es wirklich erlangen, wie unsere Weisen sagten: "Ein ungelehrter Mensch kann nicht fromm sein" (Avot 2:5).

Wir werden diese Angelegenheit nun in der richtigen Reihenfolge erklären.

Die Wurzel der Frömmigkeit ist das, was unsere Weisen seligen Andenkens sagten: "Glücklich ist der Mensch, der sich in der Tora abmüht und seinem Schöpfer eine Freude macht" (Berachot 17a).

Die [Erklärung der] Angelegenheit ist wie folgt. Es ist bekannt, welche Mitzvot für jeden Juden verbindlich sind und wie weit ihre Verpflichtung reicht.

Aber wer den Schöpfer, gepriesen sei Er, wirklich liebt, wird nicht danach streben und beabsichtigen, sich mit den bekannten, für jeden Juden verbindlichen Pflichten zu begnügen. Vielmehr wird es ihm so ergehen wie einem Sohn, der seinen Vater liebt. Selbst wenn sein Vater nur einen kleinen Hinweis auf etwas gibt, das er sich wünscht, wird der Sohn sich schon sehr bemühen, diese Sache oder diesen Dienst nach besten Kräften zu erfüllen. Auch wenn der Vater es nur einmal und nur halbherzig erwähnt hat, wird dies für einen solchen Sohn ausreichen, um die Richtung der Absicht seines Vaters zu verstehen und für ihn zu tun, was er nicht ausdrücklich gesagt hat. Denn er kann von sich aus ableiten, dass diese Sache seinem Vater Freude bereiten wird, und er wird nicht warten, bis sein Vater ihm ausdrücklich etwas befiehlt oder es ihm ein anderes Mal sagt.

Mit eigenen Augen können wir beobachten, wie dies zu allen Zeiten und an allen Orten zwischen allen Freunden und Liebenden, zwischen Mann und Frau, zwischen Vater und Sohn geschieht.

Der allgemeine Grundsatz lautet: Wo die Liebe zwischen zwei Menschen echt und stark ist, wird der eine nicht zum anderen sagen: "Mehr wurde von mir nicht verlangt. Es genügt mir, das zu tun, was mir ausdrücklich gesagt wurde". Vielmehr wird der andere aus dem, was der eine erbeten hat, auf die Absicht des Bittenden schließen und sich bemühen, das zu tun, was er als angenehm für den anderen empfindet.

Ähnlich wird es demjenigen ergehen, der seinen Schöpfer mit einer treuen Liebe liebt So werden die Mitzvot, die klar und vertraut sind, für ihn nur eine Offenbarung der Absicht sein, um ihm zu zeigen, dass der Wille und das Verlangen G-ttes in die Richtung dieses Prinzips tendiert. Dann wird er nicht zu sich selbst sagen: "Es genügt mir, was ausdrücklich gesagt wurde", oder: "Ich werde meine Pflicht mit dem erfüllen, was mir dennoch obliegt".

Messilat Yesharim Achtzehntes Kapitel

Vielmehr wird er im Gegenteil sagen: "Da ich entdeckt und gesehen habe, dass G-ttes Wunsch dazu neigt, wird dies ein Leitfaden für mich sein, um in dieser Angelegenheit zu wachsen und sie in alle Richtungen auszuweiten, aus denen ich schließen kann, dass Sein Wille es wünscht. Eine solche Person wird genannt: "jemand, der seinem Schöpfer Genugtuung verschafft".

Das allgemeine Anliegen der Frömmigkeit besteht also darin, die Erfüllung aller Mitzvot nach allen Seiten und unter allen Bedingungen zu erweitern, die angemessen und möglich sind.

Sie können sehen, dass die Frömmigkeit mit der Trennung zusammenhängt. Nur dass die Trennung in den negativen Geboten liegt, während die Frömmigkeit in den positiven Geboten liegt. Aber beide haben dasselbe Ziel, nämlich zu dem, was in den Mitzvot ausdrücklich gesagt wurde, das hinzuzufügen, was wir als angenehm vor G-tt, gepriesen sei Er, empfinden können. Das ist die Definition von wahrer Frömmigkeit.

Wir werden nun ihre Hauptbereiche erklären.

Messilat Yesharim

Kapitel Neunzehn

Unterscheidungen der Frömmigkeit

Es gibt drei Hauptbereiche der Frömmigkeit. Die erste bezieht sich auf die Tat, die zweite auf die Art der Ausführung und die dritte auf die Absicht.

Die erste Abteilung der Tat selbst unterteilt sich weiter in zwei Unterabteilungen. Die erste zwischen dem Menschen und G-tt und die zweite zwischen dem Menschen und seinen Mitmenschen.

Die erste Unterteilung der ersten Abteilung, nämlich die Frömmigkeit in der Tat zwischen Mensch und G-tt, besteht darin, dass der Mensch die Mitzwot in all ihren feinen Einzelheiten bis zum äußersten Umfang seiner Fähigkeiten erfüllt. Unsere Weisen, gesegneten Andenkens, nannten dies "die Überreste einer Mitzwa". Sie sagten: "Die Überreste der Mitzwa verhindern eine g-ttliche Bestrafung" (Sukkah 38a). Denn auch wenn der Körper einer Mitzwa ohne sie erfüllt ist und man seiner Verpflichtung bereits nachgekommen ist, so reicht dies doch für die allgemeine Masse des jüdischen Volkes aus. Die Frommen aber müssen nur die Erfüllung der Mitzwot steigern und dürfen kein einziges Detail davon auslassen.

CHESED - GÜTE: Die zweite Unterteilung der ersten Abteilung, nämlich die Frömmigkeit in der Tat zwischen dem Menschen und seinen Mitmenschen, ihr Gegenstand ist die große Wohltätigkeit, nämlich, dass man anderen immer Gutes tut und ihnen niemals schadet. Dies gilt für den Körper, den Besitz und den Geist des Mitmenschen.

Körper: dass man sich bemüht, allen Menschen zu helfen, wie man kann, und ihnen die Last zu erleichtern, die auf ihnen lastet. Wie wir gelernt haben: "Das Joch mit seinem Mitmenschen tragen" (Avot 6:6). Wenn sein Mitmensch von einem körperlichen Schaden bedroht ist und er ihn verhindern oder beseitigen kann, sollte er sich dafür einsetzen.

Besitz: ihm mit allen Mitteln zu helfen und Schaden von ihm abzuwenden, so gut er es kann. Es versteht sich von selbst, dass der fromme Mensch alle Möglichkeiten der Schädigung von Einzelpersonen oder der Allgemeinheit, die sich aus seinem eigenen Anteil ergeben könnten, abwenden wird.

Und selbst wenn es keine unmittelbare Wahrscheinlichkeit für einen Schaden gibt, wird er es entfernen und entsorgen, da es möglicherweise zu einem solchen führen könnte. Unsere Weisen, seligen Andenkens, sagten: "Der Besitz deines Nächsten sollte dir so wertvoll sein wie dein eigener" (Avot 2:12).

Geist: sich bemühen, seinen Mitmenschen so viel Zufriedenheit zu bringen, wie er kann. Das gilt für Fragen der Ehre oder jeden anderen Bereich. Wenn er weiß, dass er seinem Mitmenschen etwas antun kann, das ihm Zufriedenheit verschafft, ist es eine Mitzwa der Frömmigkeit, dies zu tun. Es versteht sich von selbst, dass er ihm keinerlei Schmerz zufügen wird.

Die allgemeine Angelegenheit von all dem sind "Taten der Freundlichkeit", die unsere Weisen, seligen Andenkens, uns gegenüber in ihrem großen Wert und unserer Verpflichtung darin sehr hervorgehoben haben. Dazu gehört auch das "Streben nach Frieden", das heißt die allgemeine Wohltätigkeit zwischen jedem Menschen und seinen Mitmenschen.

Ich werde dir nun Beweise für all dies aus den Worten unserer Weisen seligen Andenkens vorlegen, auch wenn diese Dinge offensichtlich sind und keine Beweise erfordern.

Im Kapitel "Bnei HaIr" (Megilah 27b): "Rabbi Zakkai wurde von seinen Jüngern gefragt: 'Wodurch hast du ein so langes Leben verdient?' Er antwortete: Niemals in meinem Leben habe ich in einem Umkreis von vier Ellen um eine Gebetsstätte Wasser geschöpft, noch habe ich meinen Gefährten mit einem Spitznamen gerufen, noch habe ich es versäumt, am [Sabbat] Kiddusch zu machen. Ich hatte eine alte Mutter, die einmal ihren Kopfschmuck verkaufte, um mir [Wein für] den Kiddusch zu bringen".

Wir sehen hier ein Beispiel für Frömmigkeit in Bezug auf die Feinheiten der Mitzvot. Denn er war bereits davon befreit, Wein für den Kiddusch zu besorgen, da er nicht so viel [Geld] hatte, dass seine Mutter ihren eigenen Kopfschmuck verkaufen musste. Es entsprach also nicht dem Charakterzug der Frömmigkeit, wenn er dies tat.

Im Hinblick auf die Ehre seines Mitmenschen würde er seinen Mitmenschen nicht mit einem Spitznamen bezeichnen, auch nicht mit einem, der nicht abwertend ist, wie Tosfot dort erklärt.

Dort band Rav Huna auch eine Schilfschnur um sein Gewand, weil er seinen Hosenbund verkauft hatte, um Wein für Kiddusch zu kaufen.

Dort heißt es auch: "Rabbi Elieser ben Schammua wurde von seinen Jüngern gefragt: "Wodurch hast du ein so langes Leben verdient? Er antwortete: Niemals in meinem Leben habe ich eine Abkürzung durch eine Synagoge genommen, noch bin ich über die Köpfe des heiligen Volkes (seiner Schüler) hinweggegangen."

Siehe, diese Eigenschaft bezieht sich darauf, der Synagoge Respekt zu erweisen und anderen Menschen Respekt zu erweisen, nicht über ihren Sitzplatz zu treten, um nicht den Eindruck zu erwecken, sie zu erniedrigen.

Auch hier: "Rabbi Peridah wurde von seinen Jüngern gefragt: Wodurch hast du dir ein so langes Leben verdient? Er antwortete: Niemals in meinem Leben ist jemand vor mir in das Studienhaus gekommen, noch habe ich den Segen vor einem Kohen gesprochen, noch habe ich jemals Fleisch von einem Tier gegessen, von dem die priesterlichen Anteile nicht genommen worden waren.

Auch dort: "Rabbi Nehunia wurde von seinen Jüngern gefragt: Wodurch hast du ein so langes Leben verdient? Er antwortete: Niemals in meinem Leben habe ich Ehre durch die Erniedrigung meiner Mitmenschen gesucht, noch ist der Fluch meiner Mitmenschen mit mir auf mein Bett gestiegen".

Dies wurde dort durch ein Beispiel erklärt: "Rav Huna trug einmal einen Spaten auf seiner Schulter. Als Rav Hana bar Hanilai ihn ihm abnehmen wollte, sagte Rav

Messilat Yesharim — Kapitel Neunzehn

Huna zu ihm: 'Wenn du es gewohnt bist, ihn in deiner eigenen Stadt zu tragen, dann nimm ihn, aber wenn nicht, dann möchte ich nicht durch deine Erniedrigung geehrt werden'".

Auch wenn "sich durch die Erniedrigung eines anderen zu ehren" bedeutet, dass man versucht, den anderen zu erniedrigen, um die eigene Ehre zu erhöhen. Aber der Fromme wird nicht zustimmen, ihn zu erniedrigen, selbst wenn der Mitmensch selbst kommt und dies willentlich wünscht.

Ähnlich sagte Rabbi Zeira: "Niemals in meinem Leben war ich ungeduldig mit meinem Haushalt, noch bin ich vor jemandem gegangen, der größer ist als ich, noch habe ich in schmutzigen Gassen über die Tora meditiert, noch bin ich vier Ellen ohne Tora oder Tefilin gegangen, noch habe ich im Beit Hamidrash (Haus des Torastudiums) geschlafen, weder ein langes noch ein kurzes Nickerchen, noch habe ich mich über den Untergang meines Mitmenschen gefreut, noch habe ich einen anderen Menschen bei seinem Spitznamen genannt" (ibid).

Hier haben wir Beispiele für Taten der Frömmigkeit auf all die oben genannten Arten.

Unsere Weisen, gesegneten Andenkens, sagten weiter (Bava Kama 30a): "Rabbi Yehuda sagte: 'Wer fromm werden will, der erfülle die Angelegenheiten der Berachot (Segnungen)' (das betrifft die Dinge zwischen dem Menschen und seinem Schöpfer), manche sagen 'erfülle die Gesetze des Schadensersatzes' (das betrifft die Dinge zwischen dem Menschen und seinen Mitmenschen), und manche sagen 'erfülle die

Angelegenheiten der Pirkei Avot' (die Angelegenheiten aus allen Bereichen der Frömmigkeit umfassen).

Siehe, Taten der Güte sind von großer primärer Bedeutung für den Chasid (Frommen). Denn der Begriff "Chasidut" selbst kommt von dem Begriff " Güte" (Chesed). Und unsere Weisen, gesegneten Andenkens, sagten (Pirkei Avot 1:2): "Auf drei Dingen steht die Welt", und eines davon sind "Taten der Güte". Ebenso zählten sie sie zu den Dingen, von deren Früchten der Mensch in dieser Welt isst, während die Hauptsache [der Lohn] für ihn in der kommenden Welt reserviert ist."

Unsere Weisen lehrten weiter: "Rabbi Simlai erklärte: 'Die Tora beginnt und endet mit Taten der Freundlichkeit'" (Sotah 14a).

Rava erläuterte: "Wer diese drei Eigenschaften hat, ist mit Sicherheit vom Samen Avrahams, unseres Vorvaters: Barmherzigkeit, Scham und Wohlwollen" (Yevamot 79a).

Rabbi Eleazar erklärte, dass Taten der Güte größer sind als Wohltätigkeit, denn es wird gesagt (Hoshea 10:12): "Säet euch selbst nach eurer Wohltätigkeit, aber erntet nach eurer Güte (Chesed)" (Sukkah 49b).

Unsere Rabbiner lehrten: "In dreierlei Hinsicht sind Taten der Güte (Gemilut Chasadim) der Wohltätigkeit überlegen: Wohltätigkeit kann man nur mit seinem Geld tun, aber Taten der Güte kann man mit seiner Person und seinem Geld tun. Wohltätigkeit kann nur den Armen gegeben werden, Taten der Güte sind sowohl für die Reichen als auch für die Armen. Almosen kann man nur den Lebenden geben, Taten der Güte kann man sowohl den Lebenden als auch den Toten erweisen" (Sukkah 49b).

Sie sagten weiter: "'Und er wird euch Barmherzigkeit erweisen und sich eurer erbarmen' (Devarim 13,17) - wer barmherzig zu anderen ist, dem wird der Himmel Gnade erweisen" (Schabbat 151b).

Das ist offensichtlich, denn der Heilige, gepriesen sei Er, vergilt Maß für Maß (Sanhedrin 90a). Wer also barmherzig ist und anderen Gutes tut, dem wird auch Barmherzigkeit zuteil, wenn er gerichtet wird und ihm seine Sünden mit Güte vergeben werden. Denn eine solche Vergebung ist gerecht, da sie dem Maß seiner Praxis entspricht. Das haben unsere Weisen seligen Andenkens gelehrt: "Wem wird die Ungerechtigkeit vergeben? dem, der die Übertretung [gegen sich selbst] übersieht" (Rosch Haschana 17a).

Wer aber nicht bereit ist, eine Übertretung [gegen sich selbst] zu übersehen, oder mit Güte zu handeln, dem gebietet die Gerechtigkeit, dass auch er nur mit strenger Gerechtigkeit behandelt wird. Nun seht - wer ist da und gibt es irgendjemanden, der aufstehen könnte, wenn der Heilige, gesegnet sei Er, ihn der strengen Gerechtigkeit vorhalten würde? König David betete mit den Worten: "Gehe nicht ins Gericht mit Deinem Diener, denn kein Lebewesen kann vor Dir gerechtfertigt werden" (Tehilim 143:2).

Wer aber Barmherzigkeit tut, wird Barmherzigkeit empfangen, und je mehr er tut, desto mehr wird er empfangen. David freute sich, diese gute Eigenschaft zu besitzen, und strebte danach, auch denen, die ihn hassten, Gutes zu tun, wie geschrieben steht: "Als sie aber krank waren, war mein Gewand ein Sack; ich bedrängte meine Seele mit Fasten" (Tehilim 35,13), und "wenn ich dem, der mir Böses getan hat, vergolten habe" (Tehilim 7,5).

Dazu gehört auch, dass man keinem Lebewesen, auch nicht den Tieren, Schmerzen zufügt, sondern ihnen gegenüber Barmherzigkeit und Fürsorge zeigt. Ebenso heißt es in der Schrift: "Der Gerechte kennt die Seele seines Tieres" (Mischlei 12:10) (Raschi - was sein Tier braucht), und einigen unserer Weisen zufolge (Schabbat 128b) ist es ein biblisches Verbot, einem Tier Schmerzen zuzufügen, während es für andere zumindest ein rabbinisches Verbot ist.

Das allgemeine Prinzip der Angelegenheit ist, dass Barmherzigkeit und Wohlwollen im Herzen des Chasid (frommer Mensch) fest verankert sein müssen und dass sein Bestreben immer sein muss, seinen Mitmenschen Zufriedenheit zu bringen und ihnen keine Schmerzen zuzufügen usw.

ANGST VOR G-TT: Die zweite Unterteilung der Frömmigkeit bezieht sich auf die Art der Ausführung. Auch sie unterteilt sich in zwei Bereiche, die jedoch viele Details enthalten. Diese beiden Hauptbereiche sind Furcht und Liebe - die beiden Säulen des wahren Dienstes an G-tt, ohne die er überhaupt nicht errichtet werden kann.

Zur Furcht [vor G-tt] gehört die Unterwerfung vor G-tt, sich zu schämen, wenn man sich Seinem Dienst nähert, Seine Gebote, Seinen gesegneten Namen und Seine

Thora zu ehren.

In der Liebe [zu G-tt] sind Freude, Anhänglichkeit und Eifersucht eingeschlossen. Wir werden sie eines nach dem anderen klären können.

Der primäre Aspekt der Furcht vor G-tt ist die Furcht (Ehrfurcht) vor Seiner Erhabenheit. Ein Mensch muss denken, wenn er betet oder eine Mitzwa verrichtet, dass er vor dem König der Könige betet oder die Mitzwa verrichtet. Das ist es, was der Tanna uns ermahnt: "Wenn du betest, dann wisse, vor wem du betest" (Berachot 28b).

Um zu dieser Furcht zu gelangen, muss der Mensch über drei Dinge nachdenken und sie gut bedenken: Erstens, dass er tatsächlich (mamash) vor dem Schöpfer steht, gesegnet sei Er, in einem Geben und Nehmen mit Ihm, auch wenn das Auge des Menschen Ihn nicht sieht. Du wirst feststellen, dass es für einen Menschen am schwierigsten ist, sich ein wahres Bild in seinem Herzen zu machen, weil seine Sinne ihm dabei überhaupt nicht helfen.

Wer jedoch über einen gesunden Verstand verfügt, kann in seinem Herzen mit ein wenig Betrachtung und Aufmerksamkeit die Wahrheit der Angelegenheit feststellen, wie er kommt und sich ganz buchstäblich auf ein Geben und Nehmen mit G-tt, gesegnet sei Er, einlässt, indem er vor Ihm fleht und Ihn anfleht, während G-tt, gesegnet sei Sein Name, ihm Gehör schenkt und seinen Worten Aufmerksamkeit schenkt, genau wie wenn ein Mann zu seinem Nachbarn spricht und der Nachbar seinen Worten aufmerksam zuhört.

Messilat Yesharim   Kapitel Neunzehn

Nachdem man dies in seinem Wissen verankert hat, muss man dann über die Erhabenheit G-ttes, gepriesen sei Er, nachdenken, dass Er erhaben ist und sich über allen Segen und Lobpreis erhebt, über alle Formen der Vollkommenheit, die sich unser Verstand vorstellen und begreifen kann.

Er muss auch über die Niedrigkeit des Menschen und seine Niedrigkeit aufgrund seiner physischen Natur und Grobheit nachdenken, und umso mehr aufgrund all der Sünden, die er in seinem Leben begangen hat.

Wenn er dies alles bedenkt, wird es für sein Herz unmöglich sein, sich nicht zu fürchten und nicht zu zittern, während er seine Worte vor Ihm, gepriesen sei Er, spricht und Seinen Namen ausspricht und sich bemüht, Seine Gunst zu finden. So heißt es in der Schrift: "Diene G-tt mit Furcht und freue dich mit Zittern" (Tehilim 2,11), und "G-tt wird verehrt im großen Rat der Heiligen und gefürchtet von allen, die ihn umgeben" (Tehilim 89,8).

Denn die Engel sind Ihm näher, weil sie keine physischen Körper haben. Daher ist es für sie leichter, sich Seine erhabene Größe vorzustellen. Deshalb lastet Seine Furcht stärker auf ihnen als auf den Menschen. König David jedoch pries G-tt mit den Worten: "Ich werde mich vor dem Tempel Deines Heiligtums niederwerfen in Furcht vor Dir" (Tehilim 5,8), und die Schrift sagt: "und er fürchtete sich vor meinem Namen" (Maleachi 2,5), und "mein G-tt, ich schäme mich und erröte, mein Angesicht zu Dir zu erheben" (Esra 9,6).

Diese Furcht muss jedoch zuerst im Herzen stark werden,

Messilat Yesharim — Kapitel Neunzehn

und danach werden sich ihre Auswirkungen auch in den Gliedern des Körpers zeigen, nämlich ein gesenkter Kopf und eine Niederwerfung, das Senken der Augen und das Falten der Hände, wie ein niedriger Sklave vor einem großen König. Ebenso heißt es in der Gemara: "Rava faltete seine Hände und betete und sagte: 'Ich bin wie ein Sklave vor seinem Fürsten'" (Schabbat 10a).

Wir haben bis jetzt über Unterwerfung und Scham gesprochen. Wir werden nun über die Frage der Ehre sprechen.

EHREN: Unsere Weisen seligen Andenkens haben uns bereits zur Ehre und Würde einer Mitzwa ermahnt. Sie legten dar (Schabbat 133b): "'Dies ist mein G-tt, und ich will Ihn verschönern' (Schemot 15:2) - verschönere dich vor Ihm in [der Erfüllung] der Mitzwot. So mache schöne Tzitzit, schöne Tefilin, eine schöne Sukkah, eine schöne Thora-Rolle, [und schreibe sie mit feiner Tinte, einem feinen Schilfrohr und einem geschickten Schreiber, und umwickle sie mit schöner Seide]...". Sie sagten auch: "Eine Person sollte ein zusätzliches Drittel ausgeben, um eine Mitzwa zu verschönern. Bis zu diesem zusätzlichen Drittel liegt es an ihm. Über ein Drittel hinaus gibt ihm der Heilige, gepriesen sei Er, das Geld (in dieser Welt) zurück" (Bava Kama 9b). Die Absicht ihrer Worte ist also ganz klar, dass die Ausführung der Mitzwa allein nicht ausreicht. Vielmehr muss man sie auch ehren und verschönern.

Damit wird die Sichtweise derer ausgeschlossen, die, um es sich leichter zu machen, behaupten: "Ehre ist nur für Menschen, die von solchen Eitelkeiten verführt werden. Aber der Heilige, gepriesen sei Er, kümmert sich nicht um solche Dinge, denn Er steht über diesen Dingen und ist über sie erhaben. Solange die Mitzwa korrekt ausgeführt wird, ist das ausreichend."

Die Wahrheit ist jedoch, dass der Herr, gepriesen sei Er, "der G-tt der Ehre" genannt wird (Tehilim 29:3), und wir sind verpflichtet, Ihn zu ehren, auch wenn Er unsere Ehre nicht braucht und sie Ihm weder wichtig noch bedeutsam ist.

Wer jedoch diese Ehre G-ttes schmälert, obwohl er sie erhöhen könnte, gilt als Sünder. Das ist es, was der Prophet Maleachi die Juden mit dem Wort G-ttes zurechtwies: "Wenn ihr ein blindes [Tier] als Opfer darbringt, ist das nicht böse? Wenn ihr es eurem Statthalter opfert, wird er es von euch annehmen oder euch Gunst erweisen?" (Maleachi 1:8).

Unsere Weisen seligen Andenkens haben uns ermahnt, uns im G-ttesdienst umgekehrt zu verhalten. Zum Beispiel in Bezug auf Wasser, das unbedeckt wurde, dass man es nicht mit einem Sieb filtern darf, um seine Verwendung [für Tempelzwecke] zu ermöglichen. Sie gaben die Begründung: "Wann war das erlaubt? [Antwort:] Für den weltlichen Gebrauch. Aber war dies jemals für den Gebrauch im Tempel erlaubt? Der Vers 'Wenn ihr es eurem Statthalter opfern würdet, würde er es von euch annehmen oder euch Gunst erweisen?'" (Maleachi 1:8)".

Beachte, was für ein Fehler ist an abgeseihtem Wasser, das bereits für den weltlichen Gebrauch erlaubt ist? Aber trotzdem ist es für den Gebrauch im Tempel verboten, weil es nicht ehrbar ist.

Weiter heißt es in Sifri (Devarim Piska 68): "'und alle deine auserwählten Gelübde' (Devarim 12:11) - man sollte nur die auserwählten bringen."

Wir finden auch bei Kayin und Hevel (Bereishis Raba 22:5): "Hevel brachte von den Erstgeborenen seiner Schafe und von ihren Fetten". Während Kayin, wie sie erklärten, von den schlechtesten Früchten des Landes brachte. Was war das Ergebnis? "Und der Herr wandte sich Hevel und seiner Gabe zu, aber Kayin und seiner Gabe schenkte er keine Beachtung" (Bereischis 4,5).

Es steht weiter geschrieben: "Aber verflucht sei der Betrüger, der in seiner Herde ein männliches Tier hat und dem HERRN ein verunreinigtes schwört und opfert. Denn ich bin ein großer König [spricht der Herr der Heerscharen]" (Maleachi 1:14).

Unsere Weisen, gesegneten Andenkens, haben uns an vielen Stellen vor der Missachtung der Mitzwot gewarnt. Sie sagten: "Wer eine unbedeckte Thorarolle in der Hand hält, wird nackt begraben" (Schabbat 14a), weil er die Mitzwa nicht respektiert.

Die Reihenfolge, in der die ersten Früchte (Bikurim) dargebracht werden, ist ein Leitfaden für uns, um zu sehen, was "Hidur Mitzva" (Verschönerung einer Mitzwa) ist. Wir haben gelernt: "Ein Ochse mit Hörnern, die mit Gold überzogen sind, und mit einer Olivenkrone auf dem Kopf geht vor ihnen her..." (Bikurim 3:3). Und später dort: "Die Reichen brachten ihre ersten Früchte in Körben aus Gold, während die Armen Körbe aus Weidenzweigen benutzten" (Bikurim 3,8). Und "es gibt drei Elemente in den Erstlingsfrüchten: die

Messilat Yesharim   Kapitel Neunzehn

Erstlingsfrüchte selbst, die Beigaben zu den Erstlingsfrüchten und die Verzierungen der Erstlingsfrüchte..." (Bikurim 3:10). So sehen wir, wie sehr es angemessen ist, dem eigentlichen Körper der Mitzwa etwas hinzuzufügen, um ihn zu verschönern. Von hier aus lernen wir zu allen anderen Mitzvot der Tora.

Sie sagten weiter (Schabbat 10a): "Rava zog einen Mantel an, betete und sagte: 'Bereite dich vor, deinem G-tt zu begegnen, o Israel' (Amos 4:12)".

Sie sagten weiter zu dem Vers: "'dann nahm Riva die feinsten Kleider von Eisav, ihrem älteren Sohn' (Gen 27:15) - Raban Schimon ben Gamliel sagt: 'Ich diente meinem Vater... aber wenn Eisav seinem Vater diente, tat er das nur in königlicher Kleidung'" (Bereishis Raba 65:16).

Siehe, wenn das schon für Fleisch und Blut so ist, wie viel mehr für den König der Könige, den Heiligen, gesegnet sei Er, dass derjenige, der vor Ihm steht, um zu beten, ehrenvolle Kleidung tragen und vor Ihm sitzen sollte wie jemand, der vor einem großen König sitzt.

Zu dieser Kategorie gehört auch die Ehrung des Sabbats und der Feste. Denn wer sie ehrt, tut seinem Schöpfer einen Gefallen, der uns so befohlen hat: "Du sollst sie ehren" (Jesaja 58,13).

Wenn wir erst einmal festgestellt haben, dass die Ehrung des Sabbats eine Mitzwa ist, gibt es viele verschiedene Möglichkeiten, ihn zu ehren. Aber das allgemeine Prinzip ist, dass wir jede Handlung, die dem Sabbat Bedeutung verleiht, tun sollten.

Deshalb beschäftigten sich die frühen Weisen mit der Vorbereitung des Sabbats, jeder nach seiner eigenen Art: "Rabbi Abahu saß auf einem Elfenbeinschemel und fachte das Feuer an. Rav Safra röstete den Kopf eines Tieres. Raba salzte Fisch. Rav Huna zündete die Lampe an. Rav Papa flechtete die Dochte. Rav Chisda schnitt Rüben. Rabbah und Rav Joseph hackten Holz. Rav Nachman bar Isaak trug Dinge ein und aus und sagte: 'Wenn Rav Ammi und Rav Assi mich besuchen würden, würde ich dann nicht für sie tragen?'" (Schabbat 119a).

Man beachte den Vergleich von Rav Nachman, der ein Vorbild für uns ist, von dem wir lernen können. Denn er überlegte, was er für eine Person, die er ehren möchte, tun würde, und tat dann etwas Ähnliches für den Schabbat.

Zu diesem Thema wurde gesagt: "Ein Mensch sollte immer klug sein in der Furcht des Himmels" (Berachot 17a) - um zu wissen und eine Sache von einer anderen abzuleiten, und um neue Wege zu ersinnen, um seinem Schöpfer auf jede mögliche Weise Befriedigung zu bringen.

Denn wenn wir G-ttes große Erhabenheit über uns erkennen, sollte jede Verbindung zu Ihm, die Er uns gewährt, von uns als eine ungeheure Ehre betrachtet werden. Denn Er hat sich in Seiner großen Güte und trotz all unserer Niedrigkeit dazu entschlossen, uns in Seiner Demut Ehre zu erweisen und uns Seine heiligen Worte zu geben. Wir sollten sie dann zumindest mit all unserer Kraft ehren und uns das Ausmaß ihrer Wertschätzung zeigen.

Sie werden feststellen, dass dies die wahre Furcht vor

G-tt ist, Yirat Haromemut (Furcht vor Seiner Erhabenheit), die wir erwähnt haben. Ehre aus dieser Art von Furcht ist nahe an den Gefühlen intensiver Liebe, die [den Dienst G-ttes] auszeichnet, wie ich mit G-ttes Hilfe weiter erklären werde. Dies gilt nicht für die "Angst vor Strafe", die nicht die primäre Angst ist und die nicht zu diesen guten Eigenschaften führt.

Kehren wir zurück zur Frage der [Ehrung] des Sabbats. Unsere Weisen sagten: "Rav Anan trug einen [schwarzen] Overall" (Schabbat 119a), d.h. er trug am Freitag ein schwarzes Gewand, damit die Ehre des Sabbats besser erkennbar war, wenn er die feine [Schabbat-]Kleidung anlegte.

Daher ist nicht nur die eigentliche Vorbereitung auf den Sabbat in der [Mitzwa der] Ehre enthalten, sondern auch ihr Kontrast, wenn er dazu dient, die Ehre des Sabbats zu erhöhen, ist ebenfalls in der Mitzwa enthalten. So wurde verboten, vor dem Schabbat eine Mahlzeit zuzubereiten, um den Schabbat zu ehren (Gitin 38b), und andere ähnliche Verbote.

Zur Furcht gehört auch die Ehrung der Tora und derjenigen, die sie studieren. Wir haben ausdrücklich gelernt: "Wer die Tora ehrt, wird selbst vom Volk geehrt" (Avot 4:6). Und unsere Weisen, gesegneten Andenkens, sagten:

Rabbi Jochanan sagte: Warum hat Achav zweiundzwanzig Jahre lang das Königtum verdient? - Weil er die Tora ehrte, die in zweiundzwanzig Buchstaben gegeben wurde, wie es geschrieben steht (1. Könige 20,9): "Und er sandte Boten zu Achav... es soll geschehen, was immer der Wunsch deiner Augen ist, sie sollen es in ihre Hand nehmen und wegnehmen... Und er sprach zu den Boten Ben-Hadads: Sage meinem Herrn, dem König, alles, was du deinem Knecht zuerst befohlen hast, will ich tun; aber das eine darf ich nicht tun." Was ist nun gemeint mit 'was immer der Wunsch deiner Augen ist'? Sicherlich die Schriftrolle der Tora!" (Sanhedrin 102b).

Sie sagten weiter: "Wenn ein Mann [eine Torarolle] von einem Ort zum anderen trägt, sollte er sie nicht in eine Satteltasche stecken und sie auf seinen Esel legen und darauf reiten. Vielmehr sollte er die Schriftrolle auf seinem Schoß tragen" (Berachot 18a).

Es war auch verboten, sich auf ein Bett zu setzen, auf dem eine Tora-Rolle liegt (Moed Katan 25a). Gleichermaßen sagten sie: "Es ist verboten, heilige Schriften wegzuwerfen, sogar Halachot (Gesetze) und Agadot" (Eruvin 98a, Rambam Hilchot Sefer Torah ch.10). Ebenso verboten sie, Bücher der Propheten und Schriften auf die Fünf Bücher Mose zu legen (Megilah 27a). Dies sind Dinge, die unsere Weisen seligen Andenkens der gesamten Gemeinde Israels verboten haben. Aber der Chassid sollte von ihnen lernen und sie auf verschiedene Weise ergänzen, um den Namen des Herrn, seines G-ttes, zu ehren.

Zu dieser Kategorie gehört die Sauberkeit und Reinheit, die für die Worte der Tora erforderlich ist - die Tora nicht an schmutzigen Orten zu studieren, selbst wenn dies nur in Gedanken geschieht, noch mit unreinen Händen. Unsere Weisen haben uns bereits an vielen Stellen ausführlich davor gewarnt (z.B. Yoma 30a).

Messilat Yesharim   Kapitel Neunzehn

In Bezug auf diejenigen, die die Tora studieren, heißt es in der Schrift: "Du sollst dich vor einem Ältesten erheben und das Gesicht des Gelehrten achten" (Vayikra 19:32). Daraus lernen wir alle Arten von Ehrungen, die man Toragelehrten zukommen lassen kann und die für einen Chasid sicherlich angemessen sind.

Unsere Weisen seligen Andenkens erklärten (Ketuvot 103b): "'Er ehrt diejenigen, die G-tt fürchten' (Tehilim 15:4) - dies bezieht sich auf Joschafat, den König von Juda, der, wann immer er einen Toragelehrten sah, von seinem Thron aufstand, ihn umarmte, küsste und zu ihm sagte: 'Rebbi, Rebbi, mein Lehrer, mein Lehrer'".

Wenn Rebbi Zeira von seinen Studien geschwächt war, setzte er sich an den Eingang des Beit Midrash (Haus des Torastudiums), um die Mitzwa des Aufstehens für Toragelehrte zu erfüllen.

All dies sind Dinge, von denen der Schöpfer, gepriesen sei Er, uns gezeigt hat, dass Er sie begehrt, und Er hat uns Sein erhabenes Urteil darüber offenbart.

Da dies so ist, sollte derjenige, der seinem Schöpfer Genugtuung verschaffen will, diesen Weg beschreiten und die Strategien verstärken, um das zu tun, was vor dem gesegneten G-tt gerecht ist.

Zu diesem Bereich gehört auch die Ehrung der Synagoge und des Studienhauses (Orach Chaim 151). Denn nicht nur, dass man sich dort nicht leichtfertig verhalten soll, sondern man soll in allen seinen Handlungen und Verhaltensweisen mit aller Art von Ehre und Furcht handeln. Was er im Palast eines großen Königs nicht tun würde, sollte er auch nicht in ihnen tun.

LIEBE ZU G-tt: Lasst uns nun über die Liebe [zu G-tt] sprechen. Ihre Zweige sind drei: Freude, Anhänglichkeit und Eifersucht.

Die Sache mit der Liebe zu G-tt ist, dass eine Person sich tatsächlich nach der Nähe zu G-tt, gesegnet sei Er, sehnt und begehrt und Seiner Heiligkeit nachjagt, wie man etwas jagt, das man intensiv begehrt. Das geht so weit, dass die bloße Erwähnung Seines Namens, das Sprechen von Seinem Lobpreis und die Beschäftigung mit den Worten Seiner Tora oder G-ttlichkeit buchstäblich zu einer Freude und einem Vergnügen wird, so wie jemand, der die Frau seiner Jugend oder seinen einzigen Sohn so sehr liebt, dass selbst das Sprechen über sie ihm Befriedigung und Vergnügen bereitet. Dies ist so, wie es in der Schrift heißt: "Ist Ephraim mein lieber Sohn, ist er mein liebes Kind? Denn sooft ich von ihm spreche, will ich an ihn denken" (Jirmijahu 31,19).

Gewiss, wer seinen Schöpfer mit wahrer Liebe liebt, wird seinen Dienst aus keinem Grund der Welt aufgeben, es sei denn, er wird tatsächlich gezwungen.

Er wird keine Überredung oder Verlockung brauchen, um Ihm zu dienen. Im Gegenteil, sein Herz wird ihn anspornen und dazu drängen, es sei denn, es gibt ein großes Hindernis, das ihn daran hindert.

Seht, das ist der kostbare Charakterzug, den die frommen Männer von einst, die erhabenen Heiligen, zu erlangen verdient hatten. Wie König David sagte: "Wie ein Hirsch sehnsüchtig nach den Wasserbächen schreit, so schreit meine Seele sehnsüchtig zu Dir, o G-tt; meine Seele dürstet nach G-tt, nach dem lebendigen G-tt; wann werde ich kommen und vor G-tt erscheinen?" (Tehilim 42,2-3), und "Meine Seele sehnt sich, ja, sie ist ohnmächtig nach den Höfen des Herrn" (Tehilim 84,3), "Meine Seele dürstet nach Dir, mein Fleisch sehnt sich nach Dir..." (Tehilim 63,2). All dies ist auf seine starke Sehnsucht nach dem gesegneten G-tt zurückzuführen.

Das ist auch so, wie der Prophet sagt: "Zu Deinem Namen und zu Deinem Gedenken ist das Verlangen [unserer] Seele" (Jesaja 26,8), und "meine Seele sehnt sich nach Dir in der Nacht; mein Geist in mir sucht Dich" (Jesaja 26,9). Und David selbst sagte: "Wenn ich auf meinem Bett an Dich denke, meditiere ich während der Nachtwachen über Dich" (Tehilim 63,7). Damit beschrieb er die Freude und das Vergnügen, das er empfand, wenn er von G-tt, gepriesen sei Sein Name, sprach und ihn pries. In ähnlicher Weise sagte er: "Ich will mich an Deinen Geboten erfreuen, die ich liebe" (Tehilim 119,47), und "Deine Zeugnisse sind meine Freude ..." (Tehilim 119,24).

Diese Liebe darf sicherlich keine "Liebe sein, die von etwas abhängt" (Avot 5,16). Nämlich, dass man den gesegneten Schöpfer lieben soll, nicht weil er einem Gutes schenkt und Reichtum und Erfolg gewährt. Vielmehr sollte sie wie die Liebe eines Sohnes zu seinem Vater sein, die eigentlich (mamash) eine natürliche Liebe ist, zu der die Natur des Sohnes ihn zwingt und kräftemäßig antreibt. Wie die Heilige Schrift sagt: "Ist Er nicht dein Vater, dein Fürst?" (Devarim 32:6).

Die Prüfung dieser Art von Liebe kommt in Zeiten von

Schwierigkeiten und Probleme. Wie unsere Weisen seligen Andenkens sagten (Berachot 54a): "Du sollst den Herrn, deinen G-tt, lieben mit ganzem Herzen und mit ganzer Seele [und mit ganzer Kraft]" (Devarim 6,5): "mit ganzer Seele" - auch wenn Er deine Seele nimmt. mit deiner ganzen Kraft' - mit all deinem Besitz."

Damit aber die Sorgen und Nöte nicht zu Schwierigkeiten und Hindernissen für die Liebe zu G-tt werden, sollte sich der Mensch mit zwei Verständnissen trösten, von denen das eine für jeden geeignet ist und das zweite für die Weisen, die ein tiefes Verständnis besitzen.

Das erste Verständnis: "Alles, was G-tt tut, ist zum Guten" (Berachot 60b). Denn selbst diese Schmerzen und Schwierigkeiten, die in unseren Augen als böse erscheinen, sind in Wahrheit nichts anderes als wahres Gut. Es ist vergleichbar mit einem Arzt, der Fleisch wegschneiden oder ein infiziertes Glied amputieren muss, damit der Rest des Körpers heilen und nicht sterben kann. Auch wenn die Handlung zunächst grausam erscheint, ist sie in Wirklichkeit ein Akt wahrer Barmherzigkeit, der dem Patienten letztendlich zugute kommt. Der Patient wird durch diese Handlung nicht aufhören, den Arzt zu lieben. Im Gegenteil, er wird ihn sogar noch mehr lieben.

So auch hier, wenn der Mensch bedenkt, dass alles, was der Heilige, gesegnet sei Er, mit ihm macht, sei es an seinem Körper oder an seinem Besitz, zu seinem eigenen Wohl ist. Auch wenn er nicht sieht oder versteht, wie es zu seinem Wohl ist, so besteht doch kein Zweifel, dass es tatsächlich zu seinem Wohl ist. Dann wird die Liebe zu G-tt nicht durch alle Schwierigkeiten und Leiden geschwächt. Im Gegenteil, sie wird in ihm immer intensiver und stärker werden.

Aber diejenigen, die wirklich verstehen, brauchen nicht einmal diesen Grund. Denn sie sollen sich überhaupt nicht von ihren eigenen Interessen leiten lassen. Vielmehr ist ihr ganzes Ziel, die Ehre Seines Namens, gepriesen sei Er, zu mehren und Ihm Genugtuung zu verschaffen. Je mehr die Hindernisse gegen sie zunehmen, so dass sie mehr Kraft brauchen, um sie zu überwinden, desto mehr werden sie ihre Herzen stärken und sich freuen, die Stärke ihres Glaubens zu beweisen. Sie sind wie ein Feldherr, der sich durch seine Tapferkeit auszeichnet und der immer die schwierigste Schlacht wählt, um sein Können zu beweisen, indem er siegreich daraus hervorgeht.

Das kennt jeder Liebende aus Fleisch und Blut, der sich freut, wenn er die Gelegenheit hat, dem Gegenstand seiner Liebe zu zeigen, wie stark seine Liebe zu dem Geliebten ist.

Lassen Sie uns nun die Zweige der Liebe erklären. Es sind die drei, die ich bereits erwähnt habe: Anhänglichkeit, Freude und Eifersucht.

ANHAFTUNG: Von Anhaftung spricht man, wenn das Herz eines Menschen so sehr an dem gesegneten G-tt hängt, dass er aufhört, sich an irgendetwas anderes als an Ihm zu wenden oder zu interessieren. Das ist es, was Shlomo in Form einer Analogie brachte: "Eine schöne Hirschkuh und eine anmutige Ricke, ihre Brüste werden dich immer befriedigen; du wirst immer von ihrer Liebe betört sein" (Mischlei 5:19). Und im Talmud erklärten unsere Weisen seligen Andenkens (Eruvin 54b): "Von Rebbi Eliesar ben Pedat wurde gesagt, dass er auf dem unteren Markt von Tzipori saß und Tora studierte, während sein Mantel auf dem oberen Markt der Stadt lag". Das ultimative Ziel dieses Wesenszuges ist es, dass der Mensch zu jeder Zeit und in jedem Moment an seinem Schöpfer festhält. Aber wenn er seinen Schöpfer liebt, wird er sich zumindest in den Zeiten seines [g-ttlichen] Dienstes auf diese Weise an ihn klammern.

Im Talmud Yerushalmi wird berichtet: "Während Rabbi Chanina ben Dosa im Gebet stand, kam eine giftige Eidechse und biss ihn, aber er unterbrach sein Gebet nicht... Seine Jünger fragten ihn: 'Rabeinu! Hast du denn gar nichts gespürt? Er antwortete ihnen: 'Ich schwöre, dass ich nichts gespürt habe, weil mein Herz auf das Gebet gerichtet war'".

Die Tora ermahnt uns viele Male zum Festhalten [an G-tt]: "Du sollst den Herrn, deinen G-tt, lieben und dich an Ihn klammern" (Devarim 30:20), "an Ihn sollst du dich klammern" (Devarim 10:20, 13:5). Und David sagte: "Meine Seele klammert sich an Dich" (Tehilim 63,9). All diese Verse sprechen von einer Sache, nämlich dem Festhalten, mit dem ein Mensch an G-tt, gesegnet sei Er, in einem solchen Ausmaß festhält, dass er nicht in der Lage ist, sich von Ihm zu trennen oder zu entfernen.

Und unsere Weisen seligen Andenkens sagten: "Rabbi Schimon ben Lakisch sagte: 'Der Heilige, gesegnet sei Er, benutzte drei Ausdrücke der Liebe in Bezug auf das jüdische Volk, und wir lernen sie alle aus dem Bericht von Sichem ben Chamor: 'Anhaften', 'Sehnsucht' und 'Verlangen'" (Gen. Rabba 80:7). Dies sind eigentlich

Messilat Yesharim — Kapitel Neunzehn

(mamash) die drei Hauptzweige der Liebe, nämlich die erwähnte Sehnsucht, das Anhaften und das Vergnügen und die Freude, die der Liebende empfindet, wenn er sich mit dem Geliebten beschäftigt.

FREUDE: Der zweite [Zweig der Liebe zu G-tt] ist die Freude, sie ist ein großes, wesentliches Prinzip im Dienst für G-tt. Das ist es, was David uns mit den Worten ermahnt: "Dient G-tt mit Freude, kommt vor Ihn mit Gesang" (Tehilim 100,2), und "die Gerechten werden sich freuen, sie werden vor G-tt jubeln und sich mit Freude freuen" (Tehilim 68,4). Und unsere Weisen sagten: "Die g-ttliche Gegenwart ruht nur auf einem Menschen, wenn er sich über eine Mitzwa freut" (Schabbat 30b). Zu dem oben erwähnten Vers: "Diene G-tt mit Freude", sagen unsere Weisen in einem Midrasch (Schocher Tov, Tehilim 100): "Rabbi Abahu sagt: 'Wenn du stehst, um zu beten, soll dein Herz sich freuen, denn du betest zu dem Allmächtigen, von dem es keinen gibt wie Ihn'".

Denn das ist die wahre Freude, nämlich dass das Herz eines Menschen sich darüber freut, dass er es verdient, vor dem gesegneten Herrn zu dienen, von dem es keinen gibt, der Ihm gleicht, und sich in Seiner Tora und Seinen Mitzvot zu mühen, die die wahre Vollkommenheit und den ewigen Wert darstellen. Und Shlomo sagte in einem Gleichnis über Weisheit: "Zieh mich, wir wollen Dir nachlaufen. Der König hat mich in seine Gemächer geführt; wir werden uns freuen und uns an Dir erfreuen" (Schir HaSchirim 1,4). Denn je weiter ein Mensch es verdient, in die inneren Gemächer der Erkenntnis Seiner gesegneten Größe einzutreten, desto mehr wird seine

Freude wachsen und sein Herz in ihm singen. Und die Heilige Schrift sagt: "Israel wird sich über seinen Schöpfer freuen, die Kinder Zions werden über ihren König jubeln" (Tehilim 149,2).

Und David, als er diese Stufe bereits erreicht hatte, sagte in hohem Maße: "Mögen meine Worte Ihm wohlgefällig sein; ich werde mich an G-tt erfreuen" (Tehilim 104,34), und "Ich will zum Altar G-ttes kommen, zu G-tt, meiner übergroßen Freude, und ich will Dir mit der Leier danken, o G-tt, mein G-tt" (Tehilim 43,4). Und er sagte: "Meine Lippen singen Loblieder, wenn ich Dir singe, und meine Seele, die Du erlöst hast" (Tehilim 71,23).

Denn die Freude war so sehr in ihm gewachsen, wenn er sich auf das Lob des gesegneten G-ttes einließ, dass sich seine Lippen schon von selbst bewegten und sangen. All das lag an der großen Flamme seiner Seele, die vor Freude vor G-tt in Flammen stand. Er schließt mit den Worten "und meine Seele, die Du erlöst hast".

Wir finden, dass der Heilige, gepriesen sei Er, sich über das jüdische Volk beklagte, weil es diese Bedingung in seinem Dienst nicht erfüllte, wie geschrieben steht: "weil ihr dem Herrn, eurem G-tt, nicht mit Freude und Wonne des Herzens gedient habt" (Devarim 28,47).

Als David also sah, dass die Juden dieses Niveau erreichten, als sie für den Bau des Tempels spendeten, betete er, dass dieser gute Charakterzug bei ihnen bleiben und sie nicht verlassen sollte, wie geschrieben steht: "Und nun habe ich mit Freude gesehen, dass dein Volk, das hier anwesend ist, dir bereitwillig opfert. O Herr, G-tt Abrahams, Isaaks und Israels, unserer Vorväter, bewahre dies ewiglich, auch die Neigung der Gedanken des Herzens Deines Volkes, und richte ihre Herzen auf Dich" (Divrei Hayamim 29:17-18).

EIFERSUCHT: Der dritte Zweig der Liebe [zu G-tt] ist die Eifersucht, nämlich dass ein Mensch um Seines heiligen Namens willen eifersüchtig ist, diejenigen hasst, die Ihn hassen, und danach strebt, sie so weit wie möglich zu unterwerfen, damit der Dienst G-ttes getan und Seine Ehre vermehrt wird.

Dies ist es, was König David, Friede sei mit ihm, sagte: "O G-tt, hasse ich nicht die, die Dich hassen? Streite ich nicht mit denen, die sich gegen Dich erheben? Ich hasse sie mit äußerster Abscheu; ich betrachte sie als meine Feinde" (Tehilim 139:21-22). Und Elijahu sagte: "Ich war sehr eifersüchtig auf G-tt, den Herrn der Heerscharen..." (1. Könige 19,10). Wir haben bereits gelernt, was er aufgrund seiner Eifersucht für G-tt verdient hat, wie es in der Tora heißt: "denn er war eifersüchtig auf seinen G-tt und sühnte für die Kinder Israels" (Bamidbar 25,13).

Unsere Weisen, gesegneten Andenkens, sprachen mit Nachdruck über jemanden, der in der Lage ist, jemanden zurechtzuweisen, es aber unterlässt, dies zu tun. Sie verurteilten ihn dahingehend, dass er selbst für die Sünden der Sünder zur Rechenschaft gezogen wird. Im Midrasch [erklärten sie]: "'Ihre Fürsten waren wie Hirsche [die keine Weide finden...]' (Eicha 1:6) - so wie diese Hirsche während einer Hitzewelle ihr Gesicht von einem zum anderen wenden, so würden auch die großen Weisen Israels die Sünde sehen und ihr Gesicht davon abwenden. Der Heilige, gepriesen sei Er, sagte zu ihnen:

Messilat Yesharim — Kapitel Neunzehn

'Es wird eine Zeit kommen, in der ich mit ihnen das Gleiche tun werde'" (Eicha Raba 1:13).

Es ist offensichtlich, dass derjenige, der seinen Mitmenschen liebt, den Anblick anderer, die ihn schlagen oder beleidigen, nicht ertragen kann und sicherlich hinausgehen wird, um ihm zu helfen. So wird auch derjenige, der den Namen des gesegneten G-tt liebt, es nicht ertragen können, die Entweihung Seines Namens, G-tt bewahre, und die Übertretung Seiner Mitzwot zu sehen.

Dies ist, was Shlomo sagte: "Diejenigen, die die Tora verlassen, loben die Bösen, aber die, die die Tora halten, streiten mit ihnen" (Mischlei 28:4). Diejenigen, die den Gottlosen für seine Schlechtigkeit loben und seine Taten nicht ins Gesicht tadeln, sind die "Verächter der Tora", die sie der Entweihung preisgeben, G-tt bewahre. Aber die Hüter der Tora, die sich selbst stärken, um sie zu stärken, werden gewiss mit den Bösen streiten und nicht in der Lage sein, sich zurückzuhalten und zu schweigen. Der Heilige, gepriesen sei Er, sagte zu Ijow: "Streue den Zorn deines Zorns aus; sieh jeden Hochmütigen und unterwerfe ihn; zertritt die Gottlosen an ihrem Ort; drücke sie in der Erde zusammen, drücke ihre Gesichter in den Boden" (Ijow 40:11-13). Denn dies ist die intensive Liebe, die derjenige zeigen kann, der seinen Schöpfer wirklich liebt, und es steht geschrieben: "Diejenigen, die G-tt lieben, hassen das Böse" (Tehilim 97,10).

BEDEUTUNG: Bisher haben wir den Charakterzug der Chasidut in Bezug auf die Taten und die Art und Weise

Messilat Yesharim   Kapitel Neunzehn

der Ausführung geklärt. Wir werden nun Chasidut in Bezug auf die Absicht erklären.

Wir haben bereits früher die Frage diskutiert, ob man eine Mitzwa "um ihrer selbst willen" (lishma) oder "nicht um ihrer selbst willen" (shelo lishma) verrichtet, je nach ihren verschiedenen Ebenen.

Wer jedoch in seinem G-ttesdienst die Absicht hat, seine Seele vor seinem Schöpfer zu reinigen, um würdig zu sein, unter den Gerechten und Frommen zu sitzen, "das Wohlgefallen G-ttes zu schauen und in seinem Heiligtum zu wohnen" und die Belohnung in der kommenden Welt zu erhalten, von dem können wir gewiss nicht sagen, dass sein Motiv schlecht ist.

Andererseits können wir aber auch nicht sagen, dass dies das beste aller Motive ist. Denn solange ein Mensch von seinem eigenen Nutzen motiviert ist, dient sein G-ttesdienst im Grunde nur seinem eigenen Interesse.

Aber die wahre Motivation, die man bei den Frommen findet, die sich angestrengt und bemüht haben, sie zu erreichen, besteht darin, dass man nur deshalb dient, um die Ehre des Herrn, gepriesen sei Er, zu erhöhen und zu vermehren.

Diese Absicht entsteht erst, wenn sich die Liebe zu Ihm in ihm verstärkt hat, wenn er sich nach der Erhöhung Seiner Ehre sehnt und sich über jede Verringerung derselben ärgert. Denn dann wird er den g-ttlichen Dienst zu diesem Zweck verrichten, damit wenigstens durch ihn die Ehre G-ttes erhöht wird.

Er wird begehren, dass auch alle anderen Menschen das

Gleiche tun. Und es wird ihn schmerzen und betrüben, wenn sie in dieser Ehre nachlassen. Umso mehr wird ihn schmerzen, was er selbst vermindert, sei es aus Versehen, unbewusst oder aufgrund natürlicher Schwäche, die es ihm schwer macht, sich stets vor Sünde zu hüten, wie die Schrift schreibt: "denn es gibt keinen Gerechten auf Erden, der Gutes tut und nicht sündigt" (Kohelet 7,20).

Diese Angelegenheit wurde in der Tana D'Bei Eliyahu (Raba 4) klargestellt: "Jeder Weise Israels, der wahres Torawissen erlangt hat und sich um die Ehre des Heiligen, gesegnet sei Er, und um die Ehre Israels all seine Tage bekümmert, der sich nach der Ehre Jerusalems und des heiligen Tempels sehnt und Schmerz empfindet, und nach der baldigen Erlösung und der sofortigen Einsammlung der Verbannten, wird der Ruach Hakodesch auf seinen Worten ruhen..."

So lernen wir, dass dies die ideale Absicht ist. Denn sie ist völlig losgelöst von allen Überlegungen zum persönlichen Nutzen und dient nur der Ehre G-ttes und der Heiligung Seines gesegneten Namens, der durch Seine Schöpfungen geheiligt wird, wenn sie Seinen Willen tun.

Dazu sagten unsere Weisen: "Wer ist fromm (ein Chasid)? Derjenige, der gegenüber seinem Schöpfer wohlwollend (mitchased) ist" (Zohar Beit, Mishpatim 114b). Siehe, ein solcher Chasid wird neben dem Dienst, den er bei der Verrichtung seiner Mitzwot mit der richtigen Absicht verrichtet, sicherlich tatsächlichen (mamash) Schmerz über das Exil und die Zerstörung des Tempels empfinden, weil diese sozusagen eine Verminderung der Ehre des gesegneten G-ttes verursachen. Er wird die Erlösung herbeisehnen, denn dann wird die Ehre G-ttes gepriesen werden. Das ist es, was die Tana d'Bei Eliyahu, die wir zuvor gebracht haben, sagte: "und er sehnt sich und fühlt Schmerz über die Ehre Jerusalems..." Er wird immer für die Erlösung Israels und die Wiederherstellung der Ehre G-ttes beten.

Wenn jemand sagen wird: "Wer bin ich, und welche Bedeutung habe ich, dass ich für das Exil und Jerusalem beten sollte? Werden die Exilanten versammelt werden und die Erlösung sprießen wegen meiner Gebete?

Die Antwort auf ihn ist nahe [seiner Frage], wie wir gelernt haben: "So wurde der Mensch allein geschaffen, damit jeder Mensch sagen kann: 'Um meinetwillen wurde die Welt geschaffen'" (Sanhedrin 37a). Es ist schon eine Genugtuung für G-tt, dass seine Kinder dies wünschen und darum beten. Und auch wenn ihre Bitte nicht erfüllt wird, weil die richtige Zeit noch nicht gekommen ist oder aus einem anderen Grund, so haben sie doch ihren Teil getan und der Heilige, gepriesen sei Er, freut sich darüber.

Die Propheten beklagten sich darüber, dass dies nicht der Fall war, und sagten: "Und er sah, dass kein Mensch da war, und er war erstaunt, denn es gab keinen Fürsprecher" (Jeschaja 59,16) und "Ich sah, und es gab keinen, der mir half; und ich war erstaunt, dass es keinen gab, der mich unterstützte" (Jeschaja 63,5). Und es wird gesagt: "Es ist Zion; niemand fragt nach ihr" (Jirmijahu 30,17), was unsere Weisen erklärten: "Das bedeutet, dass man sich nach ihr erkundigen muss" (Sukkah 41a).

Daraus lernen wir, dass wir in dieser Angelegenheit

verpflichtet sind und uns nicht aufgrund unseres Mangels an Macht davon freisprechen können. Denn in allen solchen Angelegenheiten haben wir gelernt: "Es ist nicht deine Pflicht, die Aufgabe zu erfüllen, aber es steht dir auch nicht frei, sie zu unterlassen" (Avot 2:16).

Und der Prophet sagte weiter: "Sie hat niemanden, der sie führt, von all den Söhnen, die sie geboren hat, niemand nimmt ihre Hand von all den Söhnen, die sie aufgezogen hat" (Jeschaja 51,18). Und "alles Fleisch ist Gras, und alle seine Güte ist wie die Blüte des Feldes" (Jesaja 40,6), was unsere Weisen seligen Andenkens erklärten: "all die Güte, die sie tun, ist nur für sie selbst" (Zohar Chadasch 117a, Tikunei Zohar 30,63a), d.h. für ihr eigenes Wohl und ihren eigenen Nutzen; sie beabsichtigen nicht diese vollkommene Absicht und suchen nicht die Erhöhung der Ehre G-ttes und die Erlösung Israels.

Denn es ist unmöglich, dass die Ehre G-ttes erhöht wird, außer durch die Erlösung Israels und die Erhöhung der Ehre Israels, da in Wahrheit das eine vom anderen abhängt, wie der Prophet in der Tana D'Bei Eliyahu sagte, die ich erwähnt habe: "und er trauert um die Ehre des Heiligen, gepriesen sei Er, und um die Ehre Israels".

Wir lernen also, dass es hier um zwei Dinge geht. Erstens, dass die Absicht hinter jeder Mitzwa und jedem g-ttlichen Dienst die Vermehrung der Ehre G-ttes ist, die dadurch entsteht, dass Seine Geschöpfe das tun, was Ihm Genugtuung bringt. Zweitens, dass man Schmerz empfindet und nach der Erhöhung dieser Ehre strebt, die vollständig eintreten wird, wenn die Ehre und das Wohl Israels vollständig erhöht sein werden.

Messilat Yesharim — Kapitel Neunzehn

DAS GUT DER GENERATION: Es gibt ein weiteres primäres Prinzip bezüglich der Absicht in der Chasidut, nämlich das Wohl der Generation. Es ist für jeden Chasid angemessen, in seinen Taten zum Wohle seiner gesamten Generation motiviert zu sein, um ihr Verdienst zu bringen und sie zu schützen. Dies ist die Absicht des Verses: "Sprich von dem Gerechten, dass er gut ist, denn sie werden die Früchte ihrer Taten essen" (Jesaja 3:10), dass die ganze Generation von seinen Früchten isst.

Ebenso erklärten unsere Weisen seligen Andenkens (Bava Batra 15a): "'Gibt es dort einen Baum?' (Bamidbar 13:20) - gibt es einen gerechten Menschen, der die Generation wie ein Baum beschützt".

Sie werden sehen, dass dies der Wille G-ttes ist, dass die Frommen Israels Verdienst bringen und für alle anderen Klassen unter ihnen sühnen. Das ist es, was unsere Weisen gesegneten Andenkens über den Lulav und seine Arten sagten: "Lass diese kommen und für diese sühnen" (Vayikra Raba 30:11).

Denn der Heilige, gepriesen sei Er, wünscht nicht die Vernichtung der Bösen. Es ist vielmehr eine Mitzwa, die dem Frommen obliegt, sich zu bemühen, ihnen Verdienst zu bringen und für sie zu sühnen.

Diese Absicht muss in seinen G-ttesdienst aufgenommen werden und auch ein tatsächlicher Teil seiner Gebete sein, nämlich für seine Generation zu beten, für den zu sühnen, der der Sühne bedarf, den zur Umkehr zu bringen, der der Umkehr bedarf, und für die Verteidigung seiner gesamten Generation einzutreten.

Messilat Yesharim   Kapitel Neunzehn

Unsere Weisen seligen Andenkens haben diesen Vers bereits erläutert: "Ich bin wegen deiner Worte gekommen" (Daniel 10:12) - "dass Gavriel nicht hinter den himmlischen Vorhang zurückkehren durfte, bis er für die Verteidigung Israels plädiert hatte" (Yoma 77a). Und zu Gideon wurde gesagt: "Geh hinein mit deiner Kraft" (Schoftim 6:14) - "weil er für die Verteidigung Israels plädierte" (Yalkut Shimoni 247:62).

Denn der Heilige, gepriesen sei Er, liebt nur den, der Israel liebt, und je mehr die Liebe eines Menschen zu Israel wächst, desto mehr wächst die Liebe des Heiligen, gepriesen sei Er, zu ihm.

Das sind die wahren Hirten Israels, die der Heilige, gesegnet sei Er, so sehr begehrt, die sich für seine Schafe aufopfern, die in allen Dingen ihren Frieden und ihr Wohlergehen suchen und anstreben, die immer in der Bresche stehen, um für sie zu beten, um die harten Verordnungen aufzuheben und ihnen die Tore des Segens zu öffnen.

Womit ist dies vergleichbar? Dem eines Vaters, der niemanden mehr liebt als den, von dem er sieht, dass er seine Söhne aufrichtig liebt. Das ist etwas, das die menschliche Natur bezeugen kann.

Und das ist die Sache mit dem Kohen Gadol (Hohepriester), von der unsere Weisen sagten: "[die Hohepriester waren nicht ohne Schuld, denn] sie hätten die g-ttliche Barmherzigkeit für ihre Generation erflehen müssen, was sie nicht taten" (Makot 11a). Ähnlich sagten sie: "Es gab den Fall eines Mannes, der drei Meilen von der Stadt entfernt, in der Rabbi Jehoschua ben Levi lebte, von einem Löwen gefressen wurde, und Elijahu erschien dem Rabbi aus diesem Grund drei Tage lang nicht" (Makot 11a). Du siehst also, dass es die Pflicht der Chasidim ist, sich für ihre Generation einzusetzen und sich für sie zu engagieren.

Wir haben die Hauptbereiche der Chasidut geklärt. Ihre Einzelheiten sind jedem reinen Herzen und Verstand gegeben, um sich in ihnen aufrecht zu verhalten, jede Angelegenheit zu ihrer eigenen Zeit, entsprechend der Anwendung dieser Grundprinzipien.

Messilat Yesharim

Kapitel Zwanzig

Abwägung der Frömmigkeit

Was nun erklärt werden muss, ist die Gewichtung dieser Frömmigkeit.

Dies ist eine sehr, sehr grundlegende Angelegenheit. Wisse, dass dies in Wahrheit die schwierigste Arbeit in der Chasidut ist, weil sie sehr subtil ist und weil die böse Neigung viel Zugang zu diesem Bereich hat. Daher ist die Gefahr enorm. Denn die böse Neigung kann einen Menschen dazu bringen, sich von vielen guten Dingen zu entfernen, als ob sie böse wären, und ihn zu vielen Sünden hinziehen, als ob sie große Mitzwot wären.

In Wahrheit kann ein Mensch dieses "Abwägen" nicht ohne drei Voraussetzungen schaffen:

Er muss ein sehr reines Herz besitzen, das kein anderes Motiv hat, als dem gesegneten G-tt Befriedigung zu verschaffen, und nichts anderes als das.

Er muss seine Taten sehr gründlich prüfen und sich bemühen, sie im Sinne dieser Absicht zu korrigieren.

Und nach all dem muss er seine Last auf G-tt werfen. Denn dann wird von ihm gesagt werden: "Glücklich ist der Mann, dessen Stärke in Dir ist... G-tt wird denen, die vollkommen (b'tamim) wandeln, nichts Gutes vorenthalten" (Tehilim 84:6-12).

Wenn ihm eine dieser Bedingungen fehlt, wird er die Ganzheit (Shlemut) nicht erreichen, und es ist sehr wahrscheinlich, dass er stolpert und fällt. Das heißt, wenn seine Absicht nicht ideal und rein ist, oder wenn er bei der gründlichen Prüfung dessen, was er zu prüfen vermag, nachlässig ist, oder wenn er trotz alledem kein Vertrauen in seinen Herrn hat, wird es für ihn schwer sein, nicht zu fallen.

Wenn er aber alle drei richtig hütet, nämlich die Reinheit (temimut) der Gedanken, die Prüfung und das Vertrauen - dann wird er sicher in der Wahrheit wandeln und kein Übel wird ihm widerfahren, wie Chana in ihrer Prophezeiung sagte: "Er wird die Füße Seiner Frommen behüten" (Shmuel 2:9), und auch David sagte: "Er wird seine Frommen nicht verlassen; sie werden für immer beschützt werden" (Tehilim 37:28).

Was der Mensch verstehen muss, ist, dass man die Angelegenheiten der Chasidut nicht nach ihrem oberflächlichen Aussehen beurteilen sollte. Vielmehr muss man das ganze Ausmaß der zukünftigen Konsequenzen der Tat untersuchen und bedenken. Denn manchmal mag die Tat selbst gut erscheinen, aber da die Folgen böse sind, muss man sich ihrer enthalten. Denn wenn man sie tut, wird man nicht zum Chassid, sondern zum Sünder.

Schau dir die Geschichte von Gedalia ben Achikam an, wo es für unsere Augen klar ist, dass er aufgrund seiner großen Chasidut, Jischmael ben Netanja nicht negativ zu beurteilen oder einen schlechten Bericht anzunehmen, zu Jochanan ben Kareach sagte: "Du sprichst falsch von Jischmael" (Jirmijahu 40:16). Was war die Folge? Er wurde ermordet, die Juden gingen ins Exil, und ihre letzte Glut wurde ausgelöscht. Die Heilige Schrift schreibt die Ermordung dieser Menschen so zu, als ob Gedalja selbst sie ermordet hätte, wie unsere Weisen seligen Andenkens (Nida 61a) zu dem Vers sagten: "alle Leichen der Männer, die er durch Gedalja getötet hatte" (Jirmijahu 41:9).

Der zweite Tempel wurde ebenfalls aufgrund solch falsch gewichteter Chasidut zerstört. In der Geschichte von Bar Kamtza (Gitin 56a): "Die Rabbiner dachten daran, das verunreinigte Tier [des Kaisers] zu opfern, um ihn nicht zu beleidigen. Rabbi Zechariah ben Avkulas sagte zu ihnen: 'Die Leute werden sagen, dass verunreinigte Tiere auf dem Altar geopfert werden dürfen'. Da schlugen sie vor, Bar Kamtza zu töten, damit er nicht gegen sie aussagen würde, aber Rabbi Zacharias ben Avkulas sagte zu ihnen: 'Die Leute werden sagen, wer ein geweihtes Tier verunreinigt, soll getötet werden'".

In der Zwischenzeit ging dieser böse Mann zum römischen Kaiser, der kam und Jerusalem zerstörte, und berichtete ihm von Israel. Das ist es, was Rabbi Jochanan meinte, als er dazu sagte: "Durch die Demut von Rabbi Zacharias ben Avkulas wurde unser Haus zerstört, unser Tempel verbrannt und wir selbst aus unserem Land verbannt" (Gitin 56a).

Wir sehen also, dass man die Frömmigkeit einer Handlung nicht allein an sich selbst messen darf. Vielmehr muss man sie aus allen Blickwinkeln betrachten, die der menschliche Verstand vorhersehen kann, bevor man wahrheitsgemäß beurteilen kann, ob es besser ist, sie zu tun oder zu unterlassen.

Die Tora gebietet uns zum Beispiel: "Du sollst deinen Nächsten zurechtweisen" (Vayikra 19:17). Sehr oft versucht ein Mensch, Sünder an einem Ort oder zu einer Zeit zurechtzuweisen, an dem seine Worte nicht beachtet werden, und er veranlasst sie dazu, noch weiter in ihre Bosheit einzudringen, den Namen G-ttes zu entweihen und ihrer Sünde noch eine Übertretung hinzuzufügen. In solchen Fällen besteht die einzige Chasidut darin, zu schweigen. So sagten unsere Weisen seligen Andenkens: "So wie es eine Mitzwa ist, zu sagen, was beachtet wird, so ist es auch eine Mitzwa, nicht zu sagen, was nicht beachtet wird" (Yevamot 65b).

Zur Veranschaulichung: Natürlich ist es für jeden Menschen richtig, früh zu kommen und zu rennen, um eine Mitzwa zu erfüllen, und sich zu bemühen, unter denjenigen zu sein, die damit beschäftigt sind. Manchmal kann dies jedoch zu einem Streit führen, bei dem der Name des Himmels mehr entweiht wird und die Mitzwa mehr Schande als Ehre erfährt. In solchen Fällen ist der Chaside natürlich verpflichtet, die Mitzwa aufzugeben und sie nicht weiter zu verfolgen.

Ebenso sagten unsere Weisen seligen Andenkens in Bezug auf die Leviten: "Weil sie wussten, dass derjenige, der die Lade trägt, eine große Belohnung verdient, verließen sie den Shulchan, die Menora und die Altäre und liefen alle zur Lade, um Belohnung zu erlangen. Dann stritten diese Person, indem sie sagte: 'Ich werde sie von hier aus tragen', und jene Person stritten, indem sie sagte: 'Ich werde sie von hier aus tragen', bis ihnen schwindelig wurde und die g-ttliche Gegenwart sie traf..." (Midrash Raba 5:1).

Siehe, der Mensch ist verpflichtet, alle Mitzwot in all ihren Feinheiten zu hüten und dies vor jedem Menschen zu tun, wer immer es auch sein mag, und sich nicht vor ihm zu fürchten oder zu schämen. Desgleichen steht geschrieben: "Ich will auch vor Königen von Deinen Zeugnissen reden und mich nicht schämen" (Tehilim 119:46). Und wir haben auch gelernt: "Sei schamlos wie ein Leopard..." (Avot 5:2).

Aber auch hier muss man unterscheiden und differenzieren, denn all dies wurde in Bezug auf die Mitzvot selbst gesagt, zu denen wir vollständig verpflichtet sind. In diesen sollte man "sein Gesicht wie Feuerstein" (Jesaja 50:7) setzen.

Aber es gibt noch andere Dinge der Frömmigkeit, die, wenn man sie vor dem gemeinen Volk tut, von diesem ausgelacht und verspottet werden, wodurch man sich versündigt und eine Strafe auf sich lädt, und das ist etwas, was man hätte unterlassen können, da diese Dinge keine vollständigen Verpflichtungen sind. Daher ist es für den Chassid sicherlich angemessener, auf solche Dinge zu verzichten, als sie zu tun. Das ist es, was die Schrift sagt: "und wandle diskret mit deinem G-tt" (Micha 6:8). Viele große Chasidim enthielten sich in der Gegenwart der breiten Masse ihrer frommen Praktiken, weil es wie Arroganz aussieht.

Das allgemeine Prinzip: Was immer in einer Mitzwa wesentlich ist, sollte vor allen Spöttern getan werden.

Messilat Yesharim Kapitel Zwanzig

Aber was nicht wesentlich ist und Lachen und Spott hervorruft, sollte man nicht tun.

So lernen wir, dass jemand, der nach wahrer Frömmigkeit strebt, alle seine Taten nach ihren Folgen und Umständen abwägen muss, nämlich nach Zeit, Gesellschaft, Gegenstand und Ort. Wenn eine Enthaltung zu mehr Heiligung des Namens des Himmels und zu mehr Befriedigung für G-tt führt als eine Handlung, sollte er sich enthalten und sie nicht tun.

Oder wenn eine Tat gut zu sein scheint, aber ihre Folgen oder Umstände schlecht sind, oder wenn eine Tat schlecht zu sein scheint, aber ihre Folgen gut sind - alles sollte nach dem Endergebnis und den Folgen, der wahren Frucht der Tat, entschieden werden.

Diese Dinge können nur von einem verständigen Herzen und einem gesunden Verstand beurteilt werden, da es unmöglich ist, alle ihre endlosen Details zu klären, und "G-tt gibt Weisheit; aus seinem Mund kommt Wissen und Verstand" (Mischlei 2:6).

Die Geschichte von Rabbi Tarfon veranschaulicht dies, denn obwohl er sich strikt an die Ansicht von Beit Schammai hielt, wurde ihm von den Weisen gesagt: "Du verdienst es, dafür verantwortlich gemacht zu werden, dass du deinen eigenen Tod verursacht hast, denn du hast gegen die Ansicht von Beit Hillel verstoßen!" (Berachot 10b).

Das liegt daran, dass der halachische Streit zwischen Beit Schammai und Beit Hillel in Israel zu einer ernsten Angelegenheit geworden war, weil daraus große

Streitigkeiten entstanden waren und die Halacha schließlich nach Beit Hillel entschieden worden war.

So war es für die Bewahrung der Tora notwendig geworden, dass diese Entscheidung für immer in voller Stärke erhalten bleibt und niemals abgeschwächt wird, damit die Tora nicht, G-tt bewahre, wie zwei Toras wird. Daher ist es nach dieser Mischna ein größerer Akt der Frömmigkeit, die Ansicht von Beit Hillel anzunehmen, auch wenn sie nachsichtig war, als die Ansicht von Beit Schammai anzunehmen, auch wenn sie strenger war. So dient dies als Leitfaden für uns, um zu erkennen, welcher Weg zum Licht der Wahrheit und des Glaubens führt, um zu tun, was in den Augen G-ttes gerecht ist.

Messilat Yesharim

Kapitel Einundzwanzig

Erlangung von Frömmigkeit

Was beim Erlangen der Chasidut sehr hilfreich ist, ist eine genaue Beobachtung und viel Kontemplation. Denn wenn ein Mensch viel über G-tt's große Erhabenheit, gesegnet sei Er, und Seine absolute Vollkommenheit und den unermesslich großen Abstand zwischen Seiner Größe und unserer Niedrigkeit nachdenkt, wird er mit Furcht und Zittern vor Ihm erfüllt werden.

Und wenn er G-ttes große Güte zu uns betrachtet, Seine große Liebe zum jüdischen Volk, die Nähe der Gerechten zu Ihm, die Tugend der Tora und der Mitzvot und andere ähnliche Untersuchungen und Studien, wird gewiss eine mächtige Liebe in ihm aufflammen, und er wird sich entscheiden und begehren, sich an Ihn zu hängen. Denn wenn er sieht, dass der Schöpfer, gepriesen sei Er, buchstäblich (mamash) wie ein Vater zu uns ist und sich über uns erbarmt wie ein Vater über seine Söhne, dann wird in ihm das Verlangen und die Sehnsucht erwachen, sich bei Ihm zu revanchieren, wie ein Sohn bei seinem Vater.

Dazu muss sich der Mensch in seine Gemächer zurückziehen und sein ganzes Wissen und Denken auf die Beobachtung und das eingehende Studium dieser wahren Dinge richten.

Messilat Yesharim   Kapitel Einundzwanzig

Was ihm dabei gewiss helfen wird, ist großer Fleiß und gründliches Studium der Psalmen Davids, Friede sei mit ihm, und die Betrachtung ihrer Worte und Inhalte. Denn da sie alle voll von Liebe und Furcht [vor G-tt] und allen Arten von Chasidut sind, siehe, wenn man sie betrachtet, kann man nicht anders, als sich sehr inspirieren zu lassen, in seine Fußstapfen zu treten und auf seinen Wegen zu gehen. Auch das Lesen der Geschichten der Chasidim, die diese Wege gegangen sind, hilft dabei. Denn all diese Dinge wecken den Intellekt, um Ratschläge zu erteilen und ihre edlen Taten nachzuahmen. Dies ist klar.

Die Hindernisse für Chasidut sind Ablenkungen und Sorgen. Denn wenn der Geist mit seinen Sorgen und Beschäftigungen abgelenkt und zerstreut ist, ist es unmöglich, sich dieser Kontemplation zuzuwenden; und ohne diese Kontemplation wird er Chasidut nicht erlangen. Und selbst wenn er sie bereits erlangt hat, zwingen die Ablenkungen seinen Geist (sich mit ihnen zu beschäftigen) und verwirren ihn, so dass er nicht in der Lage ist, sich in Furcht und Liebe und anderen Dingen, die ich erwähnt habe und die zur Chasidut gehören, zu stärken. Deshalb sagten unsere Weisen seligen Andenkens: "Die g-ttliche Gegenwart ruht nicht durch Traurigkeit..." (Schabbat 30b).

Und umso mehr gilt dies für die [körperlichen] Freuden und Genüsse, die wahrlich (mamash) das Gegenteil von Chasidut sind. Denn siehe, sie verführen das Herz, sich nach ihnen zu verzehren und sich von allen Dingen der Trennung und des wahren Wissens abzuwenden.

Das, was den Menschen jedoch schützen und vor diesen Nachteilen bewahren kann, ist das Vertrauen in G-tt.

Messilat Yesharim Kapitel Einundzwanzig

Nämlich, dass eine Person ihre Last ganz auf G-tt wirft, wissend, dass es für einen Menschen sicherlich unmöglich ist, dass ihm das fehlt, was für ihn bestimmt ist, wie unsere Weisen lehrten: "Der gesamte Lebensunterhalt eines Menschen [für das Jahr] ist für ihn von Rosch Haschana [bis Jom Kippur] festgelegt" (Beitzah 16a). Gleichermaßen sagten sie: "Niemand darf das, was für seinen Mitmenschen zubereitet wurde, auch nur um eine Haaresbreite antasten" (Jomah 38b).

Ein Mensch hätte untätig herumsitzen können, und das Dekret wäre erfüllt worden (er hätte den ihm zugewiesenen Anteil erhalten), wenn nicht die jedem Menschen auferlegte Strafe vorausgegangen wäre: "Im Schweiße deines Angesichts sollst du dein Brot essen" (Gen 3,19), womit der Mensch aufgefordert wird, sich um seinen Lebensunterhalt zu bemühen, denn so hat es der erhabene König angeordnet.

Dies ist wie eine Steuer, die dem Menschen auferlegt wird und der er sich nicht entziehen kann. Deshalb sagten unsere Weisen seligen Andenkens (Sifri 15:18): "Man könnte meinen, man könne müßig sitzen, aber die Schrift sagt (Devarim 28:20): 'in allem, was du zu tun gedenkst'".

Nur, dass es nicht die Anstrengungen (hishtadlut) sind, die helfen. Vielmehr sind die Anstrengungen notwendig, aber wenn man sich einmal angestrengt hat, hat man seine Verpflichtung bereits erfüllt, und es ist Platz für den Segen des Himmels, der auf ihm ruht, und er muss seine Tage nicht mit Anstrengung und Arbeit vergeuden. So sagte es König David: "Denn nicht vom Osten oder vom Westen, auch nicht von..., sondern G-tt ist es, der Recht spricht, [der einen niederwirft und einen anderen aufrichtet]" (Tehilim 75:7-8), und König Shlomo sagte: "Ermüde dich nicht, reich zu werden; höre auf, deinen Verstand anzuwenden" (Mischlei 23,4).

Der wahre Weg ist vielmehr der der "frühen Frommen", die ihre Tora zur Hauptsache und ihre Arbeit zur Nebensache machten und in beidem erfolgreich waren (Berachot 35b). Denn wenn ein Mensch einmal ein wenig gearbeitet hat, braucht er von da an nur noch auf seinen Herrn zu vertrauen und sich nicht mehr von weltlichen Dingen beunruhigen zu lassen. Dann wird sein Geist frei und sein Herz bereit sein für wahre Chasidut und vollkommenen g-ttlichen Dienst.

Messilat Yesharim

Kapitel Zweiundzwanzig

Der Charakterzug der Demut

Wir haben bereits früher über die Schande der Arroganz gesprochen und daraus abgeleitet, dass Demut lobenswert ist. Lassen Sie uns nun die Demut auf eine grundlegendere Weise erklären, und die Arroganz wird sich von selbst erklären.

Das allgemeine Anliegen der Demut ist, dass eine Person sich selbst keine Bedeutung beimisst, aus welchem Grund auch immer. Dies ist das genaue Gegenteil von Arroganz, und die Auswirkungen, die sich daraus ergeben, sind das Gegenteil von denen, die sich aus Arroganz ergeben.

Wenn wir genau hinschauen, werden wir feststellen, dass Demut sowohl von Gedanken als auch von Taten abhängig ist. Denn zuerst muss ein Mensch in seinen Gedanken demütig werden, und erst danach kann er sich auf die Weise der Demütigen verhalten.

Denn wenn er in seinen Gedanken noch nicht demütig ist und in seinen Taten demütig sein will, wird er nur zu einem der betrügerischen und bösen "Demütigen", die wir bereits erwähnt haben (Kap. 11) und die zur Klasse der Heuchler gehören, der schlimmsten Art von bösen Menschen, die es auf der Welt gibt. Erläutern wir nun diese Unterscheidungen.

Demut in den Gedanken bedeutet, dass ein Mensch in Betracht zieht und als Wahrheit erkennt, dass er Lob und Ehre nicht verdient und erst recht [unwürdig] ist, sich über seine Mitmenschen zu erheben. Das liegt an dem, was ihm fehlt, und auch an dem, was er tatsächlich erreicht hat [Gutes].

Durch das, was ihm fehlt: Das ist offensichtlich, denn es ist unmöglich, dass ein Mensch, welchen Grad der Vollkommenheit er auch erreicht haben mag, nicht viele Mängel hat, sei es durch seine Natur, sei es durch seine Familie und Verwandten, sei es durch bestimmte Ereignisse, die ihm widerfahren sind, sei es durch seine eigenen Taten. Denn "es gibt keinen Gerechten auf Erden, der Gutes tut und nicht sündigt" (Kohelet 7,20). All dies sind Makel an einem Menschen, die ihm keinerlei Raum für Hochmut lassen. Selbst wenn er viele Tugenden erlangt hat, so reichen diese Mängel doch aus, um sie zu verdunkeln.

Das, was den Menschen am meisten zu Stolz und Hochmut bringt, ist Weisheit. Denn Weisheit ist eine Eigenschaft im Menschen selbst, in seinem edelsten Vermögen, nämlich seinem Verstand.

Aber es gibt keinen Weisen, der keine Fehler macht und der nicht aus den Worten seiner Mitmenschen und sehr oft sogar von seinen Schülern lernen muss. Wie kann er sich dann seiner Weisheit rühmen?

Jemand, der einen geraden Intellekt besitzt, selbst wenn er es verdient hat, ein großer Weiser und wahrhaftig angesehen zu werden, wird, wenn er schaut und nachdenkt, sehen, dass es keinen Platz für Hochmut und Stolz gibt. Denn siehe, derjenige, der hohe Intelligenz besitzt, der mehr weiß als andere, tut nur das, was seiner Natur entspricht. Er ist wie ein Vogel, der von Natur aus nach oben fliegt, oder wie ein Ochse, der von Natur aus mit seiner Kraft zieht. Das gilt auch für den, der weise ist. Das ist so, weil seine Natur ihn dazu bringt. Aber ein anderer Mensch, der noch nicht so weise ist wie er, wäre, wenn er eine natürliche Intelligenz wie er besäße, ebenso weise geworden. Es gibt also keinen Grund, sich darin zu erheben und stolz zu sein.

Vielmehr ist er, wenn er große Weisheit besitzt, verpflichtet, sie an diejenigen weiterzugeben, die sie brauchen, ähnlich der Aussage von Rabbi Jochanan ben Zakai: "Wenn du viel Tora gelernt hast, rechne dir das nicht an, denn dazu bist du geschaffen worden!" (Avot 2:8).

Wenn er reich ist, kann er sich über sein Los freuen, aber es obliegt ihm, denen zu helfen, die nichts haben. Wenn er stark ist, muss er denen helfen, die schwach sind, und die Unterdrückten retten.

Womit ist dies zu vergleichen? Mit den Dienern in einem Haushalt, wo jeder mit einer Aufgabe betraut ist und es jedem obliegt, an seinem Platz zu stehen, um die Angelegenheiten und Bedürfnisse des Hauses aufrechtzuerhalten. In Wahrheit gibt es hier keinen Platz für Stolz.

Seht, dies ist die Art von Prüfung und Betrachtung, die für jeden Menschen angemessen ist, dessen Verstand gerade und nicht verkehrt ist. Wenn ihm dies klar wird, kann er ein wahrhaft demütiger Mensch genannt werden, denn er ist demütig in seinem Herzen und in seinem Inneren. Es ist so, wie David zu Michal sagte: "Ich war bescheiden in meinen eigenen Augen" (Shmuel II 6:22).

Unsere Weisen, gesegneten Andenkens, sagten (Sotah 5b): "Rabbi Jehoschua ben Levi sagte: Kommt und seht, wie groß die Niedrigen im Geiste sind, denn als der Tempel stand, brachte ein Mann ein Brandopfer und verdiente den Lohn eines Brandopfers, ein Mehlopfer, und er verdiente den Lohn eines Mehlopfers; was aber den betrifft, dessen Gemüt niedrig ist, so schreibt die Schrift es ihm zu, als hätte er jedes der Opfer dargebracht, wie es gesagt wird: Die Opfer G-ttes sind ein zerbrochener Geist."

Seht, dies ist ein Loblied auf die Niedrigen im Geiste, die demütig im Herzen und im Denken sind.

Sie sagten weiter (Chulin 89a): "'Nicht weil ihr größer wart als alle anderen Völker, hat der Herr euch begehrt und erwählt' (Devarim 7,7) - der Heilige, gepriesen sei Er, sagte zu Israel: 'Meine Söhne, ich begehre euch, weil ihr euch vor Mir demütigt, auch wenn ich euch Größe schenke. Ich habe Avraham Größe verliehen, doch er sagte zu Mir: 'Ich bin nur Staub und Asche' (Gen.18:27); zu Moses und Aharon, doch sie sagten: 'Und wir sind nichts' (Ex.16:7); zu David, doch er sagte: 'Ich bin nur ein Wurm und kein Mensch' (Tehilim 22:7)"

All dies, weil der Mensch, der ein gerechtes Herz besitzt, sich nicht von irgendeiner Tugend, zu der er kommt, verführen lässt. Das liegt daran, dass er wirklich weiß, dass er aufgrund dieser Tugend nicht aus seiner Niedrigkeit herauskommt, weil er zwangsläufig andere Fehler in sich trägt. Und selbst in den Mitzvot selbst, die er erlangt hat, ist er sicherlich nicht an ihrem Endziel angekommen.

Und selbst wenn er keinen anderen Mangel hätte als den, dass er aus Fleisch und Blut ist und von einer Frau geboren wurde, wäre dies mehr als genug an Niedrigkeit und Minderwertigkeit, so dass er es überhaupt nicht für angebracht hält, sich selbst zu rühmen. Denn jede Tugend, die er erlangt, ist nichts anderes als eine Wohltat G-ttes an ihm, der ihn begünstigen will, obwohl er von Natur und Körperlichkeit her äußerst niedrig und unbedeutend ist. Deshalb muss er nur dem danken, der ihm gegenüber so gnädig ist, und sich immer mehr demütigen.

Womit ist dies vergleichbar? Einem mittellosen Armen, der Geschenke als Freundlichkeit empfängt und nicht anders kann, als sich nicht zu schämen. Je mehr Freundlichkeit er empfängt, desto mehr Scham empfindet er. Genauso verhält es sich mit jedem Menschen, dessen Augen geöffnet werden und der sich selbst sehen kann, wenn er Tugenden von G-tt, gepriesen sei Er, erlangt. Dies ist, wie König David sagte: "Was soll ich G-tt für all Seine Güte an mir vergelten?" (Tehilim 116:12).

Wir haben bereits über einige Männer von großer Frömmigkeit gelernt, die trotz all ihrer Frömmigkeit bestraft wurden, weil sie sich selbst Anerkennung zuschrieben.

Über Nechemia ben Chachalya sagten unsere Weisen

seligen Andenkens: "Warum wurde sein Buch nicht nach seinem Namen genannt? Weil er den Ruhm für sich selbst beanspruchte" (Sanhedrin 93b).

Ähnlich sagte Chizkiyahu: "Zum Frieden ist es mir zu bitter" (Jesaja 38,17), denn der Heilige, gepriesen sei Er, antwortete ihm: "Ich werde diese Stadt verteidigen, um sie zu retten, um meinetwillen und um meines Knechtes David willen" (Jesaja 37,35). Dies entspricht der Aussage unserer Weisen: "Wer seine Bitte von seinem eigenen Verdienst abhängig macht, dem wird gezeigt, dass sie von dem Verdienst anderer abhängig war" (Berachot 10b).

Dies zeigt, dass ein Mensch sich nicht einmal auf seine guten Taten berufen sollte. Umso mehr sollte er sich nicht stolz und hochmütig für sie fühlen.

Aber all das ist es, was man sich zu Herzen nehmen sollte, wenn man wie Avraham, wie Mosche, wie Aharon, wie David und die anderen Chasidim, die wir erwähnt haben, sein möchte.

Aber was uns betrifft, die wir Waisen von Waisen sind, brauchen wir all das nicht, denn wir haben so viele Defizite. Man braucht keine große Untersuchung, um unsere Niedrigkeit zu sehen und zu erkennen, dass all unsere Weisheit als nichts angesehen wird.

Denn der größte Weise unter uns ist nicht größer als einer der Jünger der Jünger der ersten Generationen. Es ist richtig, dass wir dies wirklich verstehen und wissen, so dass unsere Herzen nicht umsonst stolz werden. Vielmehr müssen wir erkennen, dass unser Verstand und Intellekt äußerst schwach ist. Die Dummheit ist bei uns stark und der Irrtum ist weit verbreitet. Das Wissen, das wir besitzen, ist nur ein winziges bisschen von einem winzigen bisschen. Daher ist es sicherlich nicht angebracht, dass wir uns im Geringsten rühmen, sondern vielmehr Scham und Niedrigkeit empfinden. Das ist offensichtlich.

DEMUT DER TAT: Wir haben bis jetzt über die Demut der Gedanken gesprochen. Jetzt werden wir über die Demut der Taten sprechen. Dieser Bereich gliedert sich in vier Teile: sich in Demut zu verhalten, Beleidigungen zu ertragen, Rabbanut (Autorität über andere) zu hassen und die Ehre zu fliehen, und jedem Ehre zu geben.

Sich in Bescheidenheit verhalten: Es ist richtig, dass dies im Sprechen, im Gehen, im Sitzen und in allen Bewegungen des Menschen geschieht.

Im Sprechen: Unsere Weisen, seligen Andenkens, sagten: "Man sollte immer sanft mit anderen Menschen sprechen" (Jomah 86a). Dies wird in der Heiligen Schrift ausdrücklich gesagt: "Die Worte der Weisen werden beachtet, wenn sie sanft gesprochen werden" (Kohelet 9:17). Die eigenen Worte sollten dazu dienen, [andere] zu ehren und sie nicht herabzusetzen. Ebenso sagt die Schrift: "Wer seinen Mitmenschen herabsetzt, dem fehlt der Verstand" (Mischlei 11,12), und "wenn der Böse kommt, kommt auch die Verachtung" (Mischlei 18,3).

Im Gehen: Unsere Weisen, gesegneten Andenkens, sagten: "Sie sandten ein Wort aus Israel. Wer ist für die künftige Welt bestimmt? Derjenige, der sanftmütig und demütig ist und sich beim Betreten und Verlassen bückt"

(Sanhedrin 88b).

Man darf nicht in einer übermäßig aufrechten Haltung oder mit übermäßiger Schwere gehen, sondern eher wie jemand, der zu seinem Beruf geht. Auch unsere Weisen seligen Andenkens sagten: "Wenn jemand auch nur vier Ellen weit in aufrechter Haltung geht, ist es, als ob er gegen die Füße der g-ttlichen Gegenwart stößt" (Berachot 43b), und es steht geschrieben: "und die Hochmütigen werden umgehauen" (Jesaja 10,33).

Im Sitzen: dass man seinen Platz unter den Niedrigen und nicht unter den Hochgestellten einnimmt. Auch das wird in der Schrift ausdrücklich gesagt: "Rühme dich nicht vor einem König, und stelle dich nicht an den Platz der Großen; denn es ist besser, dass er zu dir sagt: 'Komm herauf', als dass er dich vor einem Prinzen demütigt..." (Mishlei 25:6-7). Ebenso sagten unsere Weisen seligen Andenkens: "Entferne dich zwei oder drei Plätze von deinem [eigentlichen] Platz und setze dich, bis man dir sagt: 'Komm nach vorne!', als dass du nach oben gehst, bis man dir sagt: 'Geh zurück!'" (Vayikra Raba 1:5).

Unsere Weisen seligen Andenkens sagten in Bezug auf diejenigen, die sich selbst herabsetzen: "Wer sich um der Tora willen in dieser Welt klein macht, wird in der kommenden Welt groß gemacht" (Bava Metzia 85b).

Und dementsprechend sagten sie (Yalkut Shimoni Yechezkel 361): "[So sprach G-tt, der Herr:] Ich werde den Turban abnehmen und die Krone abnehmen [der Demütige wird erhöht und der Hohe wird erniedrigt]" (Yechezkel 21:31) - wer in dieser Welt groß ist, wird in der kommenden Welt klein sein". Wir lernen auch das

Gegenteil: Wenn jemand in dieser Welt klein ist, wird er in der kommenden Welt groß sein.

Und unsere Weisen seligen Andenkens sagten: "Der Mensch sollte immer vom Geist seines Schöpfers lernen; denn siehe, der Heilige, gesegnet sei Er, ignorierte alle Berge und Höhen und ließ Seine Schechinah auf dem Berg Sinai verweilen" (Sotah 5a). Dies geschah wegen der Niedrigkeit des Berges Sinai.

Gleichermaßen sagten sie: "'für den Überrest Seines Erbes' (Micha 7,18) - für den, der sich selbst zu einem bloßen Überrest macht" (Rosch Haschana 17b).

Beleidigungen ertragen: Die zweite Abteilung der Demut besteht darin, Beleidigungen zu ertragen. Siehe, unsere Weisen seligen Andenkens sagten ausdrücklich: "Wem wird die Ungerechtigkeit vergeben? Derjenige, der die Übertretung übersieht" (Rosch Haschana 17b).

Sie sagten weiter (Schabbat 88b): "Diejenigen, die beleidigt werden, aber nicht zurückschimpfen, die sich selbst beleidigt hören, aber nicht antworten... von ihnen sagt die Schrift: 'Diejenigen aber, die Ihn lieben, werden sein wie die Sonne, wenn sie in ihrer Macht aufgeht' (Schoftim 5:31)".

Unsere Weisen erzählten uns von der großen Demut des Bava ben Buta, der sagte:

"Ein gewisser Babylonier zog nach Israel hinauf und nahm sich [dort] eine Frau. Er bat sie: 'Koche mir zwei Hufe', und sie kochte ihm zwei Linsen, worüber er sich ärgerte. Am nächsten Tag sagte er: 'Koche mir eine Menge', und sie kochte ihm eine große Menge. 'Geh und bring mir zwei kleine Kürbisse', und so ging sie hin und brachte ihm zwei Kerzen. Geh und zerbreche sie auf dem Kopf des Baba (Schwelle)... also ging sie und zerbrach sie auf dem Kopf des Baba ben Buta. Er fragte sie: 'Was ist die Bedeutung dessen, was du getan hast?' - Sie antwortete: 'So hat es mir mein Mann befohlen.' Er sagte zu ihr: 'Du hast den Willen deines Mannes erfüllt, möge der Allmächtige dir zwei Söhne schenken wie Baba ben Buta" (Nedarim 66b).

Auch unsere Weisen haben uns von der großen Demut des Hillel erzählt, indem sie sagten: "Unsere Rabbiner lehrten: Ein Mann sollte immer bescheiden sein wie Hillel..." (Schabbat 30b).

Auch Rabbi Abahu fand trotz seiner großen Demut, dass er noch nicht den Punkt erreicht hatte, an dem man ihn mit Fug und Recht einen demütigen Menschen nennen kann, wie unsere Weisen sagten: "Rabbi Abahu sagte: Zuerst dachte ich, ich sei demütig; aber als ich sah, wie R. Abba von Akko eine Erklärung abgab und sein Dolmetscher eine andere [für die Zuhörer], und er sich nicht daran störte, dachte ich, dass ich nicht demütig sei" (Sotah 40a).

RABBANUT HASSEN: Rabbanut (Autorität über andere) hassen und vor der Ehre fliehen: Dies ist eine ausdrückliche Mischna (Avot 1:10): "Liebe die Arbeit, hasse Rabbanut". Sie sagten weiter: "Wer leichtfertig Urteile fällt, ist ein Narr, böse und hochmütig" (Avot 4:7), und "wer der Ehre nachjagt, vor dem flieht die Ehre" (Eruvin 13b), und "'Geht nicht schnell hinaus, um zu streiten' (Mischlei 25:8) - rennt nicht der Herrschaft nach, warum nicht? [der Vers fährt fort:] 'denn was werdet ihr am Ende tun' (ibid), am nächsten Tag werden die Leute euch Fragen stellen, und was werdet ihr ihnen antworten?" (Pesikta Rabati 22:4);

Auch dort "Rabbi Menachem im Namen von Rabbi Tanchum: 'Wer eine Autoritätsposition auf sich nimmt, um daraus Nutzen zu ziehen, ist wie ein Ehebrecher, der aus dem Körper einer Frau Vergnügen zieht'.

Außerdem heißt es dort: "Ich (G-tt) werde 'heilig' genannt, wenn du also nicht alle Meine Eigenschaften besitzt, dann nimm keine Herrschaftsposition auf dich!".

Die Jünger von Raban Gamliel zeigen dies, denn sie waren aufgrund von Armut in finanzieller Not und wollten trotzdem keine Herrscherposition annehmen. Das ist es, was im Kapitel "Kohen Mashuach" steht: (Horayot 10a): "Glaubst du etwa, dass ich dir die Herrschaft anbiete? Ich biete euch nur die Knechtschaft an!".

Sie sagten weiter: "Wehe der Herrschaft, denn sie begräbt (erschlägt) ihren Besitzer" (Pesachim 87b). Woher lernen wir das? Von Yosef, denn er starb vor seinen Brüdern, weil er sich als Herrscher aufführte (Berachot 55a).

Das allgemeine Prinzip in dieser Angelegenheit: Die Rabbanut ist nichts anderes als eine schwere Last auf den Schultern ihres Trägers. Denn solange ein Mann allein in seinem Haus sitzt, nur ein Teil der Menschheit ist, ist er nur für sich selbst verantwortlich. Sobald er aber eine Position als Rabbanut und Herrscher eingenommen hat, wird er bereits für jeden Menschen unter seiner Autorität zur Rechenschaft gezogen, weil es ihm obliegt, über sie alle zu wachen, sie mit Wissen und Verständnis zu weiden und ihre Taten zurechtzurücken. Wenn er das nicht tut, erklären unsere Weisen: "Ihre Sünden sind auf deinem Haupt eingeschrieben" (Midrasch Devarim Rabba 1:13).

EHRE: Ehre ist nichts als die Eitelkeit der Eitelkeiten. Sie zwingt den Menschen, gegen seinen Willen und gegen den Willen seines Schöpfers zu handeln und alle seine Pflichten zu vergessen. Wer sie erkennt, wird die Ehre gewiss verabscheuen und hassen. Das Lob, das andere Menschen ihm zuteil werden lassen, wird ihm zur Last fallen. Denn wenn er sieht, wie sie ihn mit Lobpreisungen überhäufen, die er in Wahrheit nicht besitzt, fühlt er sich nur beschämt und seufzt nicht nur über das Übel, dass ihm diese Tugenden fehlen, sondern auch darüber, dass sie ihm falsche Lobpreisungen aufbürden, um ihn noch mehr zu demütigen.

ANDERE ZU EHREN: Der vierte Bereich ist die Ehre, die man jedem Menschen zukommen lässt. Ebenso haben wir gelernt: "Wer ist ehrbar? Derjenige, der die Allgemeinheit ehrt" (Avot 4:1). Sie sagten weiter: "Woher wissen wir, dass ein Mensch, der weiß, dass sein Nächster auch nur in einer Hinsicht größer ist als er selbst, ihm Ehre erweisen muss ..." (Pesachim 113b).

Wir haben auch gelernt: "'Sei der Erste, der jeden Menschen grüßt' (Avot 4,15) - unsere Weisen berichteten von Rabbi Jochanan ben Zakai, dass kein Mensch ihm jemals zuvor gegrüßt hat, nicht einmal ein Nichtjude auf dem Marktplatz" (Berachot 17a).

Man ist verpflichtet, seinen Mitmenschen Ehre zu erweisen, sei es in Worten oder in Taten. Unsere Weisen seligen Andenkens erzählten uns bereits von den 24.000 Schülern Rabbi Akivas, die starben, weil sie sich gegenseitig keine Ehre erwiesen (Yevamot 62b).

So wie die Verachtung mit den Bösen verbunden ist, wie in dem bereits erwähnten Vers "Wenn ein Bösewicht kommt, kommt auch die Verachtung" (Mischlei 18,3), so ist die Ehre mit den Gerechten verbunden. Denn die Ehre wohnt bei ihnen und trennt sich nicht von ihnen, und es steht geschrieben: "und vor seinen Ältesten ist Ehre" (Jesaja 24,23).

Wir haben die Hauptbereiche der Demut erläutert. Ihre Einzelheiten sind wie alle anderen Angelegenheiten, die sich je nach Zeit, Ort und Umständen ausdehnen und verzweigen - "der Weise höre und werde verständiger" (Mischlei 1,5).

Es besteht kein Zweifel, dass die Demut viele Stolpersteine aus dem Weg räumt und den Menschen zu vielen guten Dingen führt. Denn ein demütiger Mensch kümmert sich wenig um weltliche Dinge und ist nicht neidisch auf ihre Eitelkeiten. Außerdem ist die Gesellschaft eines bescheidenen Menschen äußerst angenehm, und die Öffentlichkeit hat Freude an ihm. Er wird nicht zwangsläufig zu Ärger und Streit kommen. Vielmehr tut er alles ruhig und gelassen. Glücklich ist derjenige, der sich diese Eigenschaft verdient hat. Schon unsere Weisen seligen Andenkens sagten: "Was die Weisheit zur Krone auf ihrem Haupt gemacht hat, das hat die Demut zum Absatz ihrer Sandale gemacht" (Jeruschalmi Schabbat 1,3), denn alle Weisheit kann sich nicht mit ihr vergleichen. Dies ist klar.

Messilat Yesharim

Kapitel Dreiundzwanzig

Demut erlangen

Es gibt zwei Dinge, die einen Menschen an die Demut gewöhnen: Gewohnheit und Kontemplation.

Gewohnheit: dass der Mensch sich langsam, langsam daran gewöhnt, sich bescheiden zu verhalten, so wie wir es vorher besprochen haben, auf niedrigeren Plätzen zu sitzen, am Ende der Gruppe zu gehen, bescheidene Kleidung zu tragen, nämlich Kleidung, die würdevoll, aber nicht prunkvoll ist. Wenn ein Mensch sich auf diese Weise gewöhnt, wird die Demut langsam, ganz langsam, in sein Herz eindringen, bis sie richtig eingepflanzt ist.

Da es in der Natur des menschlichen Herzens liegt, stolz und hochmütig zu werden, ist es für ihn schwierig, diese natürliche Tendenz an der Wurzel auszurotten. Aber indem er äußere Handlungen ausführt, die unter seiner Kontrolle stehen, wird er langsam, langsam das in sein Inneres ziehen, was nicht so sehr unter seiner Kontrolle steht. Das ist ähnlich wie das, was wir in Eifer geschrieben haben. All dies ist in der Aussage unserer Weisen seligen Andenkens enthalten: "Ein Mensch sollte immer listig sein in der Furcht des Himmels" (Berachot 17a), nämlich dass man nach Strategien sucht, die man gegen seine Natur und seine Neigungen einsetzt, bis man sie besiegt.

Die Betrachtung bezieht sich jedoch auf verschiedene Dinge. Eine davon ist in der Aussage von Akavia ben Mehalelel enthalten: "Wisse, woher du gekommen bist - aus einem fauligen Tropfen; und wohin du gehst - zu einem Ort des Schmutzes, der Würmer und der Maden; und vor wem du bestimmt bist, Gericht zu halten und Rechenschaft abzulegen - vor dem obersten König der Könige, dem Heiligen, gepriesen sei Er" (Avot 3,1).

Denn in Wahrheit sind all diese Gedanken gegen den Hochmut gerichtet und fördern die Demut, denn wenn der Mensch die Niedrigkeit seiner Körperlichkeit und die Niedrigkeit seiner Herkunft betrachtet, hat er keinen Grund, hochmütig zu sein, sondern nur Scham und Demütigung zu empfinden.

Womit ist dies vergleichbar? Einem Schweinehirten, der zum König aufgestiegen ist. Solange er sich an seine Anfänge erinnert, wird es ihm unmöglich sein, hochmütig zu werden. Und wenn man bedenkt, dass er am Ende all seiner Größe auf die Erde zurückkehren wird, um Madenfutter zu sein, wird sein Stolz umso mehr unterworfen und sein brüllender Hochmut besänftigt werden. Denn was ist sein Gut und seine Größe, wenn sein Ende Schande und Unehre ist?

Und wenn er weiter nachdenkt und sich den Augenblick vorstellt, in dem er vor das große Beit Din der himmlischen Heerscharen tritt, wenn er sich vor dem König der Könige, dem Heiligen, gesegnet sei Er, der absolut rein und heilig ist, inmitten der Versammlung der Heiligen, der mächtigen Diener, stark in der Kraft, die Seinem Wort gehorchen, ohne jeden Makel, wiederfindet, und er steht vor ihnen, niederträchtig, niedrig und unbedeutend an und für sich, beschmutzt und verunreinigt durch seine Taten. Wird er dann sein Haupt erheben? Wird er etwas zu antworten haben? Und wenn sie ihn fragen: "Wo ist dein Mund geblieben? Wo ist der Stolz und die Ehre, die du in deiner Welt angenommen hast?"

Was wird er antworten? Was wird er auf diese Zurechtweisung erwidern? Wenn sich jemand nur einen Moment lang diese Wahrheit mit einem echten und starken Bild vor Augen führen würde, würde seine ganze Arroganz in die Luft fliegen und nie mehr zurückkehren.

Die zweite Betrachtung bezieht sich auf die Veränderung der Umstände im Laufe der Zeit und ihre vielen Veränderungen. Denn der Reiche kann leicht arm werden, der Herrscher ein Sklave, der Ehrenwerte niedrig. Wenn jemand so leicht in eine Situation geraten kann, die heute in seinen Augen schändlich ist, wie kann dann sein Herz stolz auf seine gegenwärtige Situation sein, in der er nicht sicher ist?! Wie viele Arten von Krankheiten können, G-tt bewahre, einen Menschen befallen, die es erforderlich machen, dass er andere anfleht, ihm zu helfen und ihm beizustehen, um seine Lage ein wenig zu lindern. Wie viele Schwierigkeiten können ihn so befallen, dass er viele Menschen anflehen muss, um ihn zu retten, während er vorher manchmal verachtet hat, sie zu grüßen?

Das sind Dinge, die wir täglich mit eigenen Augen sehen. Sie reichen aus, um den Hochmut aus dem Herzen eines Menschen zu entfernen und ihn mit Demut und Bescheidenheit zu bekleiden.

Und wenn ein Mensch weiter über seine Verpflichtung gegenüber G-tt, gepriesen sei Er, nachdenkt und darüber, wie sehr er sie vernachlässigt und wie sehr er darin nachlässig ist, wird er sicherlich Scham und nicht Hochmut, Demütigung und nicht Erhebung des Herzens empfinden. Ebenso heißt es in der Schrift: "Ich habe in der Tat gehört, dass Ephraim trauert... denn nach meiner Reue habe ich bereut; und nachdem ich es erkannt hatte, schlug ich mir auf die Schenkel; ich fühlte mich beschämt und entehrt" (Jirmijahu 31:17-18).

Vor allem sollte man sich immer wieder vor Augen führen, wie schwach der menschliche Verstand ist und wie viele Irrtümer und Unwahrheiten er enthält, wie er dem Irrtum immer näher ist als dem wahren Wissen. Deshalb sollte man sich immer vor dieser Gefahr fürchten und versuchen, von jedem Menschen zu lernen, indem man immer auf Ratschläge hört, damit man nicht stolpert. Dies ist es, was unsere Weisen seligen Andenkens sagten: "Wer ist weise? Derjenige, der von allen Menschen lernt" (Avot 4:1), und die Schrift sagt: "Wer auf Ratschläge hört, ist weise" (Mischlei 12:15).

Die Nachteile dieser Eigenschaft sind Überfluss und Sättigung an den Gütern dieser Welt, ähnlich wie es in der Schrift ausdrücklich heißt: "damit nicht, wenn du gegessen hast und gesättigt bist [und gute Häuser gebaut hast...], dein Herz hochmütig wird..." (Devarim 8:12-14).

Deshalb hielten es die Frommen für gut, dass ein Mensch sich manchmal selbst betrübt, um die böse Neigung des Hochmuts zu unterdrücken, die nur durch Überfluss stark wird, ähnlich wie unsere Weisen, seligen Angedenkens, sagten: "Ein Löwe brüllt nicht wegen eines Korbes mit

Stroh, sondern wegen eines Korbes mit Fleisch" (Berachot 32a).

An der Spitze aller Beeinträchtigungen der Demut stehen Dummheit und Mangel an wahrem Wissen. Man kann beobachten, dass Arroganz am häufigsten bei denjenigen anzutreffen ist, die am törichtesten sind.

Und unsere Weisen seligen Andenkens sagten: "Ein Zeichen von Arroganz ist Armut an Tora" (Sanhedrin 24a). Und ebenso sagten sie: "Ein Zeichen von Unwissenheit ist Selbstlob" (Zohar Balak 49b); und "eine Münze in einem Krug schreit 'Rassel, Rassel'" (Bava Metzia 85b); und "die unfruchtbaren Bäume wurden gefragt: 'Warum werden eure Stimmen gehört?' Sie antworteten: 'Wenn es doch so wäre, dass unsere Stimmen gehört werden und man sich an uns erinnert'" (Bereishis Raba 16:3).

Wir haben bereits gesehen, dass Moses, der größte Mann, der je gelebt hat, auch der bescheidenste war.

Ein weiterer Schaden für die Demut ist der Umgang mit Schmeichlern, die mit ihren Schmeicheleien versuchen, das Herz eines Menschen zu stehlen, um selbst davon zu profitieren. Sie loben und preisen ihn, indem sie die Tugenden, die er besitzt, bis zum Äußersten übertreiben und dazu noch Tugenden hinzufügen, die er gar nicht besitzt. Manchmal ist das, was er besitzt, genau das Gegenteil von dem, wofür sie ihn loben.

Das Ergebnis ist, dass der Mensch leichtfertig ist, seine Natur ist schwach und er lässt sich leicht verführen. Das gilt besonders für etwas, zu dem seine Natur neigt. Wenn er also diese Dinge von jemandem hört, dem er vertraut, wird es in ihn eindringen wie das Gift einer Schlange, und er fällt in das Netz des Stolzes und wird gebrochen.

Das sehen wir zum Beispiel an Joasch [ben Achazja, König von Juda] (Schemot Raba 8:2), der all die Tage, an denen er von seinem Lehrer Yehoyada HaKohen unterrichtet wurde, gut gehandelt hat. Aber nach dem Tod von Yehoyada kamen seine Diener und fingen an, ihm zu schmeicheln und ihn zu loben, bis sie ihn mit einem G-tt verglichen; "Da hörte der König auf sie" (Divrei Hayamim II 24:17).

Man kann deutlich sehen, dass die meisten hohen Beamten und Könige oder andere Menschen in Machtpositionen, unabhängig von ihrem Rang, stolpern und durch die Schmeicheleien ihrer Untergebenen korrumpiert werden.

Deshalb sollte derjenige, dessen Augen auf sein Haupt gerichtet sind (Kohelet 2:14), mehr darauf achten, die Taten von jemandem zu prüfen, den er als Freund, Berater oder Arbeiter für seinen Haushalt gewinnen möchte, als auf sein Essen und Trinken. Denn sein Essen und Trinken kann nur seinem Körper schaden, während seine Freunde und Arbeiter seine Seele, seinen Besitz und seine ganze Ehre zerstören können. König David, Friede sei mit ihm, sagte: "Derjenige, der Betrug begeht, wird nicht in meinem Haus wohnen. Wer dem Weg der Unschuldigen folgt, der wird mir dienen" (Tehilim 101:6-7).

Das einzig Gute ist also, dass der Mensch sich ehrliche Freunde sucht, die ihm die Augen für das erleuchten, was er nicht sieht, und ihn aus Liebe zurechtweisen und ihn so von allem Bösen erretten. Denn was der Mensch nicht sehen kann, weil er nicht in der Lage ist, die Schuld bei sich selbst zu sehen, werden sie sehen und verstehen und ihn warnen, und er wird beschützt werden. Dazu heißt es in der Schrift: "In der Fülle der Ratgeber gibt es Rettung" (Mischlei 24:6).

Messilat Yesharim

Kapitel Vierundzwanzig
Die Eigenschaft der Sündenfurcht

Die Tatsache, dass diese Eigenschaft nach allen bisher erwähnten tugendhaften Eigenschaften gezählt wurde, genügt, um uns ihre [erhabene] Bedeutung bewusst zu machen. Gewiss, es muss eine wichtige und grundlegende Angelegenheit sein, die schwer zu erlangen ist. Denn sie kann nur von jemandem erreicht werden, der bereits alle zuvor genannten Eigenschaften erworben hat.

Wir müssen jedoch zunächst einführen, dass es zwei Arten von Furcht gibt, die eigentlich drei Arten sind. Die erste Art ist sehr leicht zu erlangen, es gibt nichts Leichteres. Die zweite ist schwierig, während der zweite Teil der zweiten Art schwieriger ist als alles andere.

Ihre Vollkommenheit ist ebenfalls eine sehr große Form der Vollkommenheit. Die erste Art ist die Furcht vor Strafe, und die zweite ist die Furcht vor der Erhabenheit G-ttes (Yirat Haromemut), wovon die Furcht vor der Sünde der zweite Teil darin ist. Wir werden nun ihre Angelegenheiten und Unterschiede erklären.

Die Furcht vor der Strafe, wie der Name schon sagt, bedeutet, dass der Mensch sich davor fürchtet, das Wort des Herrn, seines G-ttes, zu übertreten, und zwar wegen der Strafe, die er für die Übertretung erleidet, sei es für den Körper oder die Seele. Diese [Art von Furcht] ist sicherlich leicht zu erlangen. Denn jeder Mensch liebt sich selbst und fürchtet um seine Seele, und nichts hält einen Menschen mehr davon ab, etwas zu tun, als die Furcht, dass diese Sache ihm Schaden zufügen könnte.

Aber diese Art von Furcht ist nur den Unwissenden und den Frauen eigen, die leichtfertig sind. Aber es ist nicht die Furcht der Weisen und der Männer des Wissens.

Die zweite Art der Furcht ist die Furcht vor der Erhabenheit G-ttes (Yirat Haromemut). Es bedeutet, dass eine Person sich von der Sünde fernhält wegen der großen Ehre G-ttes, gepriesen sei Sein Name. Denn wie könnte sein Herz aus Fleisch und Blut, niedrig und unbedeutend, etwas gegen den Willen des Schöpfers, gepriesen und erhaben sei Sein Name, zulassen oder wagen?!

Diese Art von Furcht ist nicht so leicht zu erlangen, denn sie entsteht nur durch Wissen und Denken, nämlich durch die Betrachtung der Erhabenheit G-ttes, gepriesen sei Er, und der Niedrigkeit des Menschen. All diese Dinge sind Auswüchse des Intellekts, der versteht und Einsicht erlangt. Dies ist die Furcht, die wir zuvor in der Frömmigkeit beschrieben haben, indem wir sie als den zweiten Teil einer der Abteilungen der Frömmigkeit festlegten.

Wenn ein Mensch diese Furcht [vor G-ttes Erhabenheit] erfährt, wird er Scham empfinden und zittern, wenn er vor seinem Schöpfer steht, um zu beten, oder wenn er irgendeinen g-ttlichen Dienst verrichtet. Dies ist die lobenswerte Furcht, für die die frommen großen Männer gepriesen wurden. Das ist es, worauf sich Mosche bezog, als er sagte "diesen herrlichen und ehrfurchtgebietenden Namen zu fürchten, den Herrn, deinen G-tt" (Devarim 28:58).

Die Furcht vor der Sünde, die wir hier erklären, ist wie ein Zweig der oben erwähnten "Furcht vor der Erhabenheit G-ttes" (yirat haromemut), aber auch wie eine eigene, unabhängige Art der Furcht. Es geht darum, dass ein Mensch sich ständig fürchtet und sich um seine Taten sorgt, damit sich nicht irgendeine Unreinheit oder Sünde unter sie mischt, oder damit es irgendeine Angelegenheit gibt, klein oder groß, die G-ttes großer Ehre und Seinem erhabenen Namen nicht angemessen ist.

Du kannst die enge Beziehung zwischen dieser Furcht und der "Furcht vor G-ttes Erhabenheit" sehen, die wir erwähnt haben. Denn das Ziel von beidem ist, dass man nichts tut, was der erhabenen Ehre G-ttes, gepriesen sei Er, zuwiderläuft.

Aber der Unterschied zwischen ihnen, für den die Furcht vor der Sünde als ein separater Typus betrachtet und mit einem anderen Namen bezeichnet wird, ist, dass die "Furcht vor G-ttes Erhabenheit" nur während der Ausführung einer Tat, während des G-ttesdienstes oder während des Unterlassens einer Sünde ist, nämlich zu der Zeit, wenn man im Gebet steht oder sich am G-ttesdienst beteiligt, dass er sich beschämt und verlegen fühlt, zittert und bebt vor G-ttes erhabener Ehre, gepriesen sei Er; oder wenn sich ihm eine Gelegenheit bietet, eine Sünde zu begehen, und er erkennt, dass es eine Sünde ist, dass er sie unterlässt, um nicht etwas zu tun, was die Augen Seiner Herrlichkeit erregt, G-tt bewahre.

Messilat Yesharim — Kapitel Vierundzwanzig

Aber die "Furcht vor der Sünde" ist zu jeder Zeit und in jedem Augenblick. In jedem Moment hat er Angst, dass er stolpert und etwas oder halb etwas tut, was gegen die Ehre Seines Namens ist, gepriesen sei Er.

Das ist der Grund, warum sie "Furcht vor der Sünde" genannt wird, denn ihr Hauptgegenstand ist die Furcht vor der Sünde (nicht G-tt), damit sie nicht in seine Taten eindringt und sich mit ihnen vermischt, sei es durch Nachlässigkeit, Lässigkeit oder Vergesslichkeit, aus welchem Grund auch immer. Hierüber wurde gesagt: "Glücklich ist der Mann, der sich immer fürchtet" (Mischlei 28:14), was unsere Weisen seligen Andenkens erklärten: "Dieser Vers bezieht sich auf Worte der Tora" (Berachot 60a). Denn selbst wenn man keinen Stolperstein vor Augen hat, muss man sich innerlich fürchten, dass sich einer zu seinen Füßen verbirgt, vor dem man sich nicht geschützt hat.

Über diese Furcht sagte Mosche Rabeinu, Friede sei mit ihm: "damit Seine Furcht auf euren Gesichtern sei, damit ihr nicht sündigt" (Schmot 20,17). Denn dies ist die wichtigste Furcht - dass ein Mensch sich immer fürchtet und zittert, bis diese Furcht ihn nie verlässt. Denn dadurch wird er gewiss nicht zur Sünde kommen, und wenn er doch sündigt, wird es als Zufall betrachtet werden. Jesaja sagte in seiner Prophezeiung: "Das ist der, auf den ich schauen werde: der demütig und zerknirscht ist und vor meinem Wort zittert" (Jesaja 66,2). Und König David rühmte sich darin: "Fürsten haben mich umsonst verfolgt, aber mein Herz fürchtete [nur] dein Wort" (Tehilim 119,161)

Wir haben bereits festgestellt, dass die großen und

Messilat Yesharim   Kapitel Vierundzwanzig

erhabenen Engel aufgrund der Erhabenheit G-ttes ständig zittern und beben. Unsere Weisen, gesegneten Andenkens, sagten in ihren weisen Analogien: "Woher entspringt der Dinur-Fluss (des Feuers)? Aus dem Schweiß der Chayot (Engel)" (Chagigah 13b).

Das liegt an der Furcht, die diese erhabenen Engel ständig vor der Erhabenheit G-ttes, gepriesen sei Er, empfinden, damit sie nicht auch nur ein wenig von der Ehre und Heiligkeit ablenken, die vor Seiner Gegenwart gebührt. Wann immer und an welchem Ort auch immer sich die g-ttliche Gegenwart offenbart, gibt es Aufregung, Zittern und Beben. Darauf verweist die Heilige Schrift mit den Worten: "Die Erde zitterte, und auch der Himmel sank vor dem Angesicht G-ttes" (Tehilim 68,9), und "hättest du die Himmel zerrissen, wärst du herabgestiegen, so wären die Berge vor dir geschmolzen" (Jesaja 63,19).

Wie viel mehr ist es angemessen, dass der Mensch zittert und bebt, weil er weiß, dass er immer vor G-tt steht und dass er leicht etwas tun kann, das Seiner erhabenen Ehre, gepriesen sei Sein Name, nicht angemessen ist.

Das ist es, was Eliphas zu Ijow sagte: "Was ist der Mensch, dass er rein sein möchte und dass ein von einer Frau Geborener als gerecht befunden werden sollte? Siehe, er glaubt nicht an seine Heiligen, und die Himmel sind nicht rein in seinen Augen" (Ijow 15,14-15), und "Siehe, auf seine Diener hat er kein Vertrauen, und seine Engel bezichtigt er des Irrtums; wie viel mehr die, die in Häusern aus Lehm wohnen, deren Fundament im Staub liegt, die vor dem Wurm zermalmt werden" (ebd. 18,19). Deshalb sollte sich jeder Mensch immer fürchten und beben, wie Elihu sagte: "Auch mein Herz erbebt und springt von seinem Platz auf; hört auf den Donner seiner Stimme und das Grollen, das aus seinem Mund kommt" (Ijow 37,1-2).

Dies ist die wahre Furcht, die immer auf dem Gesicht des frommen Menschen sein und ihn nie verlassen sollte.

Es gibt jedoch zwei Unterteilungen dieser Furcht: Die erste bezieht sich auf die Gegenwart oder Zukunft und die zweite auf die Vergangenheit.

Für die Gegenwart: dass ein Mensch sich immer vor dem fürchtet und sorgt, was er gerade tut oder zu tun im Begriff ist, damit nicht etwas eintritt, was nicht in Übereinstimmung mit Seiner Ehre ist, wie wir bereits erwähnt haben.

Für die Vergangenheit: dass ein Mensch immer über das nachdenkt, was er bereits getan hat, und sich fürchtet und sorgt, dass nicht unbewusst eine Sünde durch seine Hände geht.

Das ist wie bei Bava Ben Buta, der jeden Tag ein Ascham Talui (unbestimmtes Schuldopfer) brachte (Keritut 25a). Ebenso stand Ijow nach dem Festmahl seiner Söhne früh auf und brachte Brandopfer, so viele wie möglich von ihnen. Denn er sagte sich selbst: "Vielleicht haben meine Kinder gesündigt [und G-tt in ihrem Herzen gelästert]" (Ijow 1,5).

Und unsere Weisen seligen Andenkens sagten über Mosche und Aharon bezüglich des "Salböls", mit dem Mosche Aharon salbte, dass sie befürchteten, sie würden vielleicht irgendwie gegen das Gebot verstoßen, indem sie es benutzten, denn es wurde gesagt: "Es soll nicht auf

Messilat Yesharim — Kapitel Vierundzwanzig

das Fleisch eines Menschen gegossen werden" (Schemot 30:32). Daher sagten unsere Weisen (Horayot 12a):

"In dieser Angelegenheit machte sich Mosche Sorgen und sagte: 'Vielleicht habe ich, G-tt bewahre, das Salböl profan verwendet?' Eine himmlische Stimme kam hervor und rief: 'So wie das kostbare Öl auf dem Kopf auf den Bart Aharons herabfließt, so wie der Tau des Hermon' (Tehilim 133:2-3), so wie das Gesetz des profanen Gebrauchs von heiligen Gegenständen nicht auf den Tau des Hermon anwendbar ist, so gab es auch keinen profanen Gebrauch des Salböls auf dem Bart von Aharon. Aaron war jedoch immer noch beunruhigt. Er sagte: "Es mag sein, dass Mosche nicht übertreten hat, aber vielleicht habe ich übertreten". Da ertönte eine andere himmlische Stimme und sagte zu ihm: 'Siehe, wie gut und wie angenehm ist es, dass Brüder beieinander wohnen' (Tehilim 133:1) - wie Mosche sich nicht des gottlosen Gebrauchs schuldig gemacht hat, so bist auch du nicht des gottlosen Gebrauchs schuldig".

Wir sehen also, dass es der Weg der Frommen ist, dass sie sich sogar bei den Mitzwot, die sie ausführen, Sorgen machen und zu sich selbst sagen: "Vielleicht war in ihnen eine Spur von Unreinheit gemischt, G-tt bewahre".

Avraham: nachdem er ausging, um seinem Neffen Lot zu helfen, der gefangen genommen worden war, fürchtete er sich und sagte sich, dass seine Taten vielleicht nicht ganz rein waren, wie unsere Weisen zu dem Vers erklären: "Fürchte dich nicht vor Avraham" (Gen.15:1) - "Rabbi Levi sagte: 'weil Avraham sich fürchtete und zu sich selbst sagte, unter all den Soldaten, die ich im Kampf getötet habe, war vielleicht ein Gerechter oder G-tt fürchtender Mensch unter ihnen?' Deshalb wurde ihm gesagt (Gen.15:1): 'Fürchte dich nicht vor Avraham'" (Genesis Raba 44:4). Und unsere Weisen sagen in Tana D'Bei Eliyahu (Rabba 25): "Einem Menschen wird nicht gesagt 'fürchte dich nicht', wenn er nicht in Wahrheit G-tt fürchtet".

Das heißt, diese wahre Furcht, von der unsere Weisen sagten: "Der Heilige, gepriesen sei Er, hat nichts in Seiner Welt als eine Schatzkammer der Furcht vor dem Himmel" (Berachot 33b). Nur für Mosche war es aufgrund seiner großen Anhänglichkeit an G-tt, gepriesen sei Er, leicht, sie zu erlangen. Aber für andere Menschen ist das Physische sicherlich ein mächtiges Hindernis in ihnen. Dennoch ist es für jeden Chassid angemessen, sich anzustrengen, um alles zu erreichen, wozu er fähig ist, und es steht geschrieben: "Fürchtet den Herrn, Seine Heiligen" (Tehilim 34:10).

Messilat Yesharim

Kapitel Fünfundzwanzig

Die Furcht vor der Sünde erlernen

Der Weg, diese Art von Furcht zu erlangen, ist die Kontemplation über zwei wahre Dinge:

Erstens, dass die g-ttliche Gegenwart (Schechina), gesegnet sei Er, an jedem Ort der Welt zu finden ist und [zweitens] dass G-tt über alle Dinge wacht, ob klein oder groß. Nichts ist vor Seinem Blick verborgen, weder wegen seiner Größe noch wegen seiner Kleinheit. Vielmehr sieht und versteht Er das Große und das Kleine, das Niedrige und das Ehrenhafte, ohne irgendeinen Unterschied.

So heißt es in der Schrift: "Die ganze Erde ist voll Seiner Herrlichkeit" (Jesaja 6,3), und "Erfülle ich nicht Himmel und Erde?" (Jirmijahu 23,24), und "Wer ist wie der Herr, unser G-tt, der in der Höhe thront, der sich herabbeugt, um auf Himmel und Erde zu schauen?" (Tehilim 113,5-6), und "Obwohl der Herr hoch ist, sieht er die Niedrigen, und die Stolzen erkennt er von weitem" (Tehilim 138,6).

Wenn einem Menschen einmal klar geworden ist, dass er, wo auch immer er sich befindet, vor der g-ttlichen Gegenwart steht, gesegnet sei Er, dann kommt die Furcht von selbst und die Furcht, dass er in seinen Handlungen stolpert, so dass sie Seiner erhabenen Ehre nicht angemessen sind.

Dies ist es, was unsere Weisen sagten: "Wisse, was über dir ist: ein Auge, das sieht, ein Ohr, das hört, und alle deine Taten sind in ein Buch eingeschrieben" (Avot 2:1). Denn da der Heilige, gesegnet sei Er, über alles wacht und alles sieht und alles hört, hinterlässt jede Handlung einen Eindruck. Und alle werden in ein Buch eingeschrieben, ob für Verdienst oder für Schuld (Strafe).

Aber dieses Bild wird nicht gut im Geist des Menschen geformt, es sei denn durch sorgfältige Betrachtung und große Überlegung. Denn da die Materie weit von unseren Sinnen entfernt ist, kann der Verstand sie sich nur nach viel Nachdenken und Überlegung vorstellen. Und selbst nachdem der Verstand sich ein Bild davon gemacht hat, geht das Bild leicht verloren, wenn er nicht sehr fleißig darin ist.

Wir sehen also, dass, so wie viel Kontemplation der Weg ist, um beständige Furcht zu erlangen, so ist auch die Unterbrechung des Denkens und der Müßiggang des Studierens ihr größter Schaden, sei es durch Beschäftigung oder durch den Willen - jede Unterbrechung des Denkens ist eine Vernichtung der beständigen Furcht.

Das ist es, was der Heilige, gepriesen sei Er, dem König befahl: "Und die Thora soll bei ihm sein, und er soll sie lesen alle Tage seines Lebens, damit er lernt, den Herrn, seinen G-tt, zu fürchten" (Devarim 17,19). Dies lehrt, dass die Furcht nur durch ununterbrochenes Studium gelernt wird.

Messilat Yesharim   Kapitel Fünfundzwanzig

Beachte, dass der Vers sagt: "damit er lernen wird, sich zu fürchten" und nicht "damit er sich fürchten wird". Denn diese Furcht wird nicht auf natürliche Weise erlangt. Im Gegenteil, sie wird aufgrund der Körperlichkeit seiner Sinne von ihm ferngehalten. Sie kann also nur durch Lernen erlangt werden, und die einzige Art und Weise, wie man das Fürchten lernen kann, ist durch großen Fleiß beim Studium der Tora und ihrer Wege ohne Unterbrechung. Nämlich durch ständiges Betrachten und Untersuchen dieser Angelegenheit, wenn er sitzt und wenn er geht, wenn er sich hinlegt und wenn er aufsteht, bis sich die Wahrheit der Angelegenheit in seinem Verstand einnistet, das heißt, die Wahrheit, dass Seine g-ttliche Gegenwart (Schechina) überall gegenwärtig ist und dass wir tatsächlich (mamash) zu jeder Zeit, in jedem Augenblick, vor Ihm stehen. Dann wird er G-tt in Wahrheit fürchten.

Das ist es, worum König David gebetet hat: "Lehre mich Deinen Weg, o Herr, ich werde in Deiner Wahrheit wandeln. Vereinige mein Herz, dass ich Deinen Namen fürchte" (Tehilim 86:11)

Messilat Yesharim

Kapitel Sechsundzwanzig

Der Charakterzug der Heiligkeit

Die Materie der Heiligkeit ist dual. Ihr Anfang ist der Dienst [an G-tt], während ihr Ende die Belohnung ist; ihr Anfang ist die Anstrengung, während ihr Ende ein [g-ttliches] Geschenk ist. Das heißt, ihr Anfang ist das, was der Mensch selbst heiligt, und ihr Ende ist, dass er geheiligt wird. Das ist es, was unsere Weisen seligen Andenkens sagten: "Wenn ein Mensch sich ein wenig heiligt, wird er sehr geheiligt. Wenn er sich unten heiligt, wird er von oben geheiligt" (Jomah 39a).

Die Anstrengung besteht darin, dass der Mensch sich völlig vom Körperlichen löst und entfernt und sich immer, zu jeder Zeit und zu jedem Ort an seinen G-tt klammert. Auf diese Weise wurden die Propheten "Engel" genannt, wie es von Aharon heißt: "Denn die Lippen eines Priesters werden Wissen hüten, und aus seinem Mund wird man Tora suchen; denn er ist ein Engel des Herrn der Heerscharen" (Maleachi 2,7), und es heißt: "aber sie spotteten der Engel (Propheten) G-ttes" (Divrei Hayamim II 36:16). Selbst wenn er mit physischen Handlungen beschäftigt ist, die für seine körperliche Seite erforderlich sind, wird sich seine Seele nicht von ihrem Festhalten in der Höhe lösen. So steht es geschrieben: "Meine Seele klammert sich an Dich, Deine rechte Hand stützt mich" (Tehilim 63:9).

Es ist jedoch unmöglich für einen Menschen, sich in einen solchen Zustand zu versetzen. Denn es liegt jenseits seiner Möglichkeiten. Er ist schließlich ein physisches Geschöpf aus Fleisch und Blut. Deshalb habe ich gesagt, dass das Ziel der Heiligkeit ein Geschenk ist. Denn das, was der Mensch zu tun vermag, ist die anfängliche Anstrengung, das Streben nach wahrer Erkenntnis und das ständige Nachdenken über die Heiligung der Taten.

Aber das Ende ist, dass der Heilige, gepriesen sei Er, ihn auf diesem Weg, den er zu gehen wünscht, führt und ihm Seine Heiligkeit verleiht und ihn heiligt. Dann wird diese Sache gelingen, und er wird diese Anhänglichkeit an den gesegneten G-tt ständig erreichen können.

Für das, was seine Natur daran hindert, wird der gesegnete G-tt ihm helfen und ihm Beistand geben. Dies ist, wie der Vers sagt: "G-tt wird denen, die von ganzem Herzen wandeln, nichts Gutes vorenthalten" (Tehilim 84:12).

Deshalb sagten unsere Weisen in der Aussage, die ich gebracht habe: "Ein Mensch heiligt sich ein wenig", was sich auf das bezieht, was ein Mensch durch seine eigene Anstrengung erwerben kann. Dann "wird er viel geheiligt", was sich auf die g-ttliche Hilfe bezieht, die der Schöpfer, gepriesen sei Er, ihm gewährt, wie ich schrieb.

Siehe, für den Menschen, der mit der Heiligkeit seines Schöpfers geheiligt ist, werden sogar seine physischen Taten zu tatsächlichen Dingen der Heiligkeit. Ein Zeichen dafür ist das "Essen der Tempelopfer", von dem

Messilat Yesharim — Kapitel Sechsundzwanzig

unsere Weisen seligen Andenkens sagten: "die Priester essen, und die Besitzer erhalten Sühne" (Pesachim 59b).

Sie können nun den Unterschied zwischen dem reinen Menschen und dem heiligen Menschen erkennen. Die physischen Handlungen des reinen Menschen sind für ihn nur eine Notwendigkeit. Seine einzige Absicht, sie zu tun, ist ihr notwendiger Aspekt. Dadurch entkommen seine Handlungen der bösen Seite des Physischen und bleiben rein. Aber sie gehen nicht in den Bereich der Heiligkeit ein, denn wenn es möglich wäre, auf sie zu verzichten, wäre es für ihn schon besser gewesen.

Aber für den heiligen Menschen, der sich ständig an seinen G-tt klammert, dessen Seele in Liebe zu seinem Schöpfer und in Furcht vor Ihm frei zwischen den wahren Gedanken wandelt, siehe, da ist es, als ob er vor G-tt im Land der Lebenden wandelt, während er noch hier in dieser Welt ist.

Ein solcher Mensch wird selbst als ein Tabernakel, ein Tempel und ein Altar betrachtet. Dies ist, wie unsere Weisen sagten (Gen. Rabba 62:6): "'und G-tt stieg von ihm herauf' (Gen.35:13) - die Vorväter sind der g-ttliche Streitwagen". Ähnlich sagten sie: "die Gerechten sind der g-ttliche Streitwagen".

Denn die Schechina (g-ttliche Gegenwart) wohnt in ihnen, so wie sie im Tempel wohnte. Deshalb ist die Nahrung, die sie zu sich nehmen, wie ein Opfer, das auf dem Feuer des Altars dargebracht wird, denn es war gewiss eine große Erhebung für diese Dinge, auf dem Altar dargebracht zu werden, da sie vor der Schechina dargebracht wurden.

Die Erhabenheit war so groß, dass ihre Art auf der ganzen Welt gesegnet wurde, wie unsere Weisen in einem Midrasch erklären. Auch die Speisen und Getränke, die der heilige Mann zu sich nimmt, erheben diese Speisen und Getränke, als ob sie tatsächlich auf dem Altar dargebracht worden wären. Das ist ähnlich wie das, was unsere Weisen seligen Andenkens sagten: "Wer einem Toragelehrten eine Gabe bringt, ist so, als hätte er Erstlingsfrüchte (Bikurim) dargebracht" (Ketuvot 105b), und "[wenn ein Mann ein Weinopfer auf dem Altar darbringen will], soll er die Kehle der Toragelehrten mit Wein füllen" (Jomah 71a).

Das bedeutet nicht, dass die Toragelehrten nach Essen und Trinken lechzten, G-tt bewahre, dass man ihre Kehlen füllt, wie man einen Vielfraß füllt. Vielmehr geht es um die Absicht, die ich erklärt habe. Die Toragelehrten, die in ihren Wegen und in all ihren Taten heilig sind, sind tatsächlich wie der Tempel und der Altar, denn die Schechina (g-ttliche Gegenwart) wohnt buchstäblich in ihnen, wie sie es im Tempel tat. So ist das, was ihnen dargebracht wird, wie das, was auf dem Altar dargebracht wird, und die Füllung ihrer Kehle ist wie die Füllung der Becken.

Auf diese Weise machten sie allen Gebrauch von den Dingen dieser Welt. Da sie sich an die Heiligkeit G-ttes, gepriesen sei Er, klammerten, siehe, war es eine Erhöhung und eine Aufwertung für das, was es verdiente, einem Tzadik (rechtschaffenen Menschen) von Nutzen zu sein. Unsere Weisen haben bereits auf die Sache mit den "Steinen am Ort" hingewiesen, die Yaakov nahm und unter sein Haupt legte: "Rabbi Yitzchak sagte: Dies sagt uns, dass alle Steine sich an einem Ort versammelten und jeder einzelne sagte: 'Auf mir soll der Gerechte sein Haupt ruhen'" (Chulin 91b).

Das allgemeine Prinzip der Angelegenheit: Heiligkeit besteht darin, dass jemand so sehr an seinem G-tt festhält, dass er sich bei jeder Handlung, die er tut, nicht von G-tt, gepriesen sei Er, trennt oder sich von ihm entfernt, so dass die physischen Dinge, die er benutzt, eine größere Höhe erreichen als das, was er in seinem Festhalten und in seinem Niveau aufgrund der Verwendung physischer Dinge verringert.

Dies bezieht sich jedoch nur auf jemanden, dessen Geist und Intellekt immer auf G-ttes Größe, gesegnet sei Er, und Seine erhabene Heiligkeit fixiert ist, so dass es so ist, als ob er tatsächlich unter den erhabenen Engeln ist, während er noch in dieser Welt ist.

Ich habe bereits erwähnt, dass der Mensch nicht in der Lage ist, dies aus eigener Kraft zu tun. Er kann sich nur selbst dazu aufraffen und sich darum bemühen. Und das erst, nachdem er bereits alle vorher genannten tugendhaften Eigenschaften erworben hat, vom Beginn der Wachsamkeit bis zur Furcht vor der Sünde. Nur so wird er sich dem Heiligen nähern und Erfolg haben. Denn wenn ihm die vorherigen Eigenschaften fehlen, wird er wie ein Außenseiter oder ein befleckter [Kohen] sein, von dem es heißt: "Ein Außenseiter (Nicht-Kohen) soll nicht herankommen" (Bamidbar 18:4).

Aber wenn er, nachdem er sich mit all diesen Vorbereitungen vorbereitet hat, beharrlich mit mächtiger Liebe und intensiver Furcht an G-ttes Größe und unendlicher Erhabenheit festhält, wird er sich nach und nach von den physischen Dingen trennen und sein Herz in all seinen Handlungen und Bewegungen auf das wahre innere Festhalten ausrichten, bis ein Geist aus der Höhe sich über ihn ergießt und der Schöpfer Seinen Namen auf ihm ruhen lässt, wie Er es mit allen Seinen Heiligen tut.

Er wird dann tatsächlich wie ein Engel G-ttes sein, und alle seine Handlungen, sogar die niedrigen und physischen, werden wie Tempelopfer und -dienste sein.

Seht, ihr könnt sehen, dass der Weg, diese Eigenschaft zu erlangen, durch viel Trennung, intensives Studium der Geheimnisse der g-ttlichen Vorsehung, der verborgenen Dinge der Schöpfung und Wissen über Seine Erhabenheit, gesegnet sei Er, und Seine Lobpreisungen ist, bis man sich sehr an Ihn klammert und weiß, wie man Absichten in seinen Gedanken hat, wie es für den Kohen angemessen war, Absichten zu haben, während er das Opfer schlachtete, sein Blut empfing und es besprengte, bis er den Segen von G-tt des Lebens und des Friedens herabzog.

Ohne dies ist es für ihn unmöglich, diese Ebene zu erreichen, und er wird physisch und körperlich bleiben wie alle anderen menschlichen Wesen.

Das, was hilft, diese Eigenschaft zu erlangen, ist viel Einsamkeit und Abgeschiedenheit, so dass die Seele in der Abwesenheit von Ablenkungen in der Lage sein wird, sich zu stärken und an ihren Schöpfer zu klammern.

Die Nachteile dieses Wesenszuges [der Heiligkeit] sind Mangel an wahrem Wissen und viel Umgang mit anderen

Menschen. Denn das Körperliche trifft sich mit seinesgleichen, erwacht und stärkt sich, und die Seele bleibt darin gefangen und wird ihrem Gefängnis nicht entkommen.

Wenn man sich aber von den anderen trennt, in der Einsamkeit bleibt und sich darauf vorbereitet, Seine Heiligkeit zu empfangen, siehe, dann wird man auf den Weg geführt, den man zu gehen wünscht, und mit der g-ttlichen Hilfe, die G-tt ihm geben wird, wird seine Seele in ihm erstarken und das Körperliche besiegen, sich an Seine Heiligkeit klammern, gesegnet sei Er, und durch Ihn ganz (vollkommen) gemacht werden.

Von dort aus kann er zu einer höheren Ebene aufsteigen, nämlich zum Heiligen Geist (Ruach HaKodesh), dann wird sein Denken über die Grenzen des Menschlichen hinausgehen.

Seine Anhaftung kann ein so hohes Niveau erreichen, dass ihm der Schlüssel zur Erweckung der Toten gegeben wird, so wie er Elijahu und Elisa gegeben wurde. Dies wird offenbaren, wie intensiv sein Festhalten an G-tt, gepriesen sei Er, ist. Denn da Er die Quelle des Lebens ist, der allem Lebendigen Leben schenkt, wie unsere Weisen seligen Andenkens sagten: "Drei Schlüssel hat der Heilige, gesegnet sei Er, in Seinen eigenen Händen bewahrt und nicht in die Hand eines Abgesandten (Engels) gelegt: den Schlüssel der Wiederbelebung der Toten..." (Taanit 2a). Seht, wer sich ganz an den gesegneten G-tt klammert, wird in der Lage sein, sogar den Fluss des Lebens selbst von Ihm herabzuziehen, was, wie ich schrieb, G-tt mehr als alles andere zugeschrieben wird. Dies ist es, was die Beraitha abschließt: "Die

Messilat Yesharim   Kapitel Sechsundzwanzig

Heiligkeit führt zum Heiligen Geist, und der Heilige Geist führt zur Wiederbelebung der Toten".

Ich weiß, lieber Leser, dass du genauso wie ich erkennst, dass ich in diesem Buch nicht alle Grundsätze der Frömmigkeit vollendet habe, noch habe ich alles gesagt, was es auf diesem Gebiet zu sagen gibt. Denn sie hat kein Ende und ihr Studium ist grenzenlos.

Aber ich habe ein wenig über jede der Besonderheiten der Beraitha gesprochen, auf die ich dieses Buch gestützt habe. Dies mag als ein Anfang dienen, um das Studium in diesen Angelegenheiten zu erweitern. Denn ihre Wege wurden offenbart und ihre Pfade für unsere Augen geöffnet, damit wir auf ihnen auf dem geraden Weg wandeln können. Über solche Dinge steht geschrieben: "Der weise Mann soll hören und lernen. Der Verständige soll sich weise Ratschläge aneignen" (Mischlei 1,5), und "wer kommt, um sich zu läutern, dem ist geholfen" (Schabbat 104a), und "denn der Herr gibt Weisheit; aus seinem Mund kommt Erkenntnis und Verstand" (Mischlei 2,6), damit jeder Mensch seine Wege vor seinem Schöpfer gerade machen kann.

Es ist offensichtlich, dass jeder Einzelne je nach seinem Beruf und seiner Tätigkeit Korrektur und Anleitung braucht. Denn der Weg der Frömmigkeit, der für jemanden, dessen Beruf das Torastudium ist, angemessen ist, ist nicht der Weg der Frömmigkeit für jemanden, der sich verdingt, um für seinen Nächsten zu arbeiten. Diese beiden sind auch nicht der Weg der Frömmigkeit, der für einen Geschäftsmann angemessen ist. Ähnliches gilt für alle anderen verschiedenen Angelegenheiten der Menschen in der Welt. Jeder Mensch, je nachdem, wer er ist, wird die Wege der Frömmigkeit für ihn geeignet sein. Das liegt nicht daran, dass die Frömmigkeit unterschiedlich ist, denn sie ist gewiss für alle gleich, da Frömmigkeit nichts anderes ist, als das zu tun, was dem Schöpfer wohlgefällig ist.

Aber da die Themen unterschiedlich sind, ist es unmöglich, dass die Mittel, die zu diesem Ziel führen, nicht entsprechend bei jedem Einzelnen variieren. So kann man ein vollkommener Chassid sein, wenn man ein Mann ist, dessen Mund das Torastudium nicht unterbricht, genauso wie einer, der aus Notwendigkeit ein einfacher Arbeiter ist. Und es steht geschrieben: "G-tt hat alles um Seinetwillen gemacht" (Mischlei 16,4), und "auf allen euren Wegen kennt Ihn, und Er wird eure Pfade gerade machen" (Mischlei 3,6).

Möge der gesegnete G-tt in Seiner Barmherzigkeit unsere Augen in Seiner Tora öffnen, uns Seine Wege lehren und uns auf Seinen Pfaden führen, damit wir es verdienen, Seinem Namen Ehre zu machen und Ihm Genugtuung zu verschaffen. "Die Herrlichkeit G-ttes wird ewig sein; G-tt wird sich über seine Werke freuen" (Tehilim 104,21), "Israel wird sich über seinen Schöpfer freuen; die Kinder Zions werden mit ihrem König jubeln" (Tehilim 149,2), amen, amen, amen!

www.ingramcontent.com/pod-product-compliance
Lightning Source LLC
Chambersburg PA
CBHW070133080526
44586CB00015B/1667